Ruhepole

Alice Whately

Ruhepole

Verwandeln Sie
Ihr Haus in
eine sinnliche Oase

TBV

Titel der Originalausgabe:
Peaceful Spaces

Die Originalausgabe erschien 2002 beim Verlag
Ryland, Peters & Small, London

Layout: Sally Powell
Lektorat: Sophie Bevan

Motiv- und Bildrecherche: Kate Brunt
Bildredaktion: Jenny Drane und Emily Westlake
Produktion: Deborah Wehner
Künstlerische Leitung: Gabriella Le Grazie

Übersetzung: *Wortspiel*, München
Gesamtherstellerische Betreuung:
Verlagsservice Rau, München
Umschlaggestaltung: Grafikhaus, München

ISBN 3-936440-20-4

Printed in China

Bildnachweis
Umschlagfotos: David Montgomery/Belinda und Guy Battles Haus

INHALT

DIE THEORIE 9

DER RAUM 69

Das Zuhause war von alters her gedacht als der Ort, der uns das Gefühl für Geborgenheit, Zugehörigkeit und Sicherheit vermittelt. Von hier aus konnten wir unser Leben meistern. Heute ist dieser Hort der Geborgenheit wichtiger als jemals zuvor! Das rasende Tempo des modernen Lebens erhöht unser Bedürfnis nach einem ruhigen Hafen, in den wir uns zurückziehen können, um Körper, Geist und Seele zu hegen und zu pflegen!

Einleitung

Die Gestaltung einer harmonischen Umgebung ist daher eine der wichtigsten Anforderungen an modernes Design. Wundervolle Inspirationen liefern dazu die einfachen Regeln des Zen-Minimalismus, der aus Japan stammt. Dieser ruhige, klare Stil kombiniert spontan natürliche Materialien zu einer Schlichtheit, die einen wirkungsvollen Gegenpol zu dem hektischen und stressigen Leben im 21. Jahrhundert bildet.

Es gibt da kein großes Geheimnis, um das Zuhause in einen friedvollen Hafen für die Seele zu verwandeln. Es geht darum, die Einrichtung so schlicht zu gestalten, dass die natürliche Schönheit von Licht, Stoffen und Konturen in ihrer dekorativen Wirkung voll zur Geltung kommen. Das Konzept für eine besonders harmonische Umgebung ist auch nicht begrenzt auf die Einrichtung von Wohnraum und Badezimmer. Diese Design-Anleitungen sind stattdessen ganzheitlich – ebenso anwendbar für das heimische Büro wie für das Badezimmer –, sie eröffnen Ihnen die Fähigkeit, in Ihrem Zuhause die Atmosphäre von heiterer Gelassenheit zu schaffen, wie Sie es nur von exklusiven, luxuriösen Wellnesstempeln kennen.

TEIL EINS

Die Theorie

»Raum und Licht und Ordnung. Dies sind die Dinge, die der Mensch genauso dringend braucht wie Brot oder einen Platz zum Schlafen.«

Le Corbusier (1887–1965)

Klare Linien, einfache Farben und viel natürliches Licht sind die wichtigsten Bestandteile einer harmonischen Umgebung (unten und gegenüber). **Lebensräume, bei deren Gestaltung diese einfachen Regeln beherzigt wurden, ermöglichen ihren Bewohnern, sich von den Zwängen der äußeren Welt zu lösen.**

Raum schaffen

Wenn Sie sich fragen, welchen Zweck all das erfüllt, was Sie besitzen, dann werden Sie schnell zu der Erkenntnis gelangen, dass Sie selbst das Zentrum Ihres Zuhauses sein sollten und nicht die Dinge um Sie herum.

ZEN – bei uns im Allgemeinen bekannt als japanische Philosophie – kommt ursprünglich aus China. Mönche haben dort Teile des indischen Hinduismus und des chinesischen Taoismus zusammengenommen. Sie wollten damit den wahren Weg zur spirituellen Erleuchtung finden. 1190 wurde der ZEN Buddhismus begeistert von den Japanern übernommen. Sie haben den Gedanken, dass Schlichtheit Voraussetzung für Spiritualität ist, weiterentwickelt, und für alle Lebensbereiche übernommen – inklusive der Wohnungseinrichtung.

Das Gefühl der Harmonie, das im Zen-Design entwickelt wurde, überträgt sich auf die Menschen, die in dieser Umgebung leben. Seit dem 19. Jahrhundert haben westliche Designer diesen Stil daher immer wieder neu interpretiert. Heute hat sich die Einrichtung im Zen-Stil zu einer Zuflucht vor der Hektik der äußeren Welt entwickelt, in der überfüllte Straßen, neue Technologien und der Kult des Konsumrausches uns verängstigen und innerlich unausgefüllt lassen.

Als Reaktion darauf wenden sich immer mehr Menschen den uralten Philosophien des fernen Ostens zu, in der Hoffnung wieder einen Hauch von Spiritualität in den täglichen Lebensraum zu bringen. Als Folge davon wird das Zuhause wieder zu einem Ort der Besinnlichkeit, in dem schlichte Zen-Ästhetik hilft, die Nerven zu beruhigen, die Kreativität anzuregen und wieder Klarheit der Gedanken zu finden.

EINEN KLAREN HINTERGRUND SCHAFFEN

Wenn Sie Ihr Zuhause in einen Hafen der Ruhe und Harmonie verwandeln wollen, müssen Sie als Erstes die Möglichkeiten für freien Raum und Licht prüfen. Gehen Sie dabei so vor: Langsam schreiten Sie durch jeden Raum, prüfen dabei Fußboden, Wände und Fenster unter folgenden Gesichtspunkten: Gibt es Wände, die entfernt und womöglich durch tragende Säulen ersetzt werden können? Ist es möglich, zusätzliche Fenster einzusetzen oder bereits vorhandene zu vergrößern? Werden Holzdielen, die den Raum optisch vergrößern, oder historisches Parkett von Teppichen bedeckt?

Als Nächstes betrachten Sie prüfend Ihre Möbel, Einbauten und Dekorationsstücke und stellen sich dabei die Frage, wie Sie sich ohne das eine oder andere Teil fühlen würden. Wenn Sie ganz ehrlich mit sich sind, dann werden Sie herausfinden, dass viele Dinge, von denen Sie meinten, diese wären unerlässlich für ein gemütliches Zuhause, eigentlich überflüssig sind.

Die Theorie von Raum schaffen verbindet den physischen Prozess des Entfernens von überflüssig Angehäuftem mit dem ästhetischen Gewinn durch die Schaffung einer schlichten, klaren Umgebung. Wenn Sie beispielsweise für Wände und Fußboden die gleiche Farbe verwenden, wirkt Ihr Zuhause sofort ruhiger, in sich harmonischer und großzügiger. Ganz ähnlich: Wenn Sie Ihre Einrichtung beweglich halten, wie Schiebetüren, ausziehbare Regale, Klapptische und Möbel auf Rädern, wirkt Ihre Einrichtung automatisch eleganter und großzügiger. Befreunden Sie sich auch mit unorthodoxen Ideen! Die wichtigen »weißen Helfer« müssen nicht unbedingt an den üblichen Plätzen stehen, nur weil es schon immer so war. Haben Sie zum Beispiel eine kleine Küche, dann stellen Sie die Waschmaschine in einen Badezimmerschrank, oder lassen Sie den Wäschetrockner hinter einer Schranktür unter der Treppe verschwinden, um so anderswo Raum zu schaffen.

Das einfarbige Konzept in einem Wohnzimmer (gegenüber) **verbindet die hervorstehenden Kanten des offenen Kamins mit dem schrägen Dach und der hölzernen Decke nahtlos zu einem harmonischen Ganzen. Ein weiß in Weiß gestalteter Raum wirkt größer und erlaubt dadurch das Hinzufügen eines großen Sofas, bequemer Sessel und auflockernd wirkender, schön geschwungener Objekte.**

Wieder öffnet der weiße Effekt den Raum, gibt einem engen Küchendurchgang die Wirkung von Helligkeit und Weite (oben). **Der Gesamteindruck ist sehr viel alltäglicher als bei dem fließenden Gefühl, das das Wohnzimmer vermittelt. Das ist den blank gescheuerten Oberflächen und dem Tisch aus Naturholz zu verdanken. Dunkelfarbige Dekorationen verstärken noch diesen Look.**

Bevor Sie sich entscheiden, ist es wichtig, dass Sie auf Ihre Instinkte achten. So verbinden Sie »Kopf und Bauch« und erschaffen eine Umgebung, die Herz und Seele nährt. Mit dem Entfernen von Dingen, die Ihre Inspiration verhindern, schaffen Sie Raum für Kreativität.

Sollten Sie zum Beispiel Bücher lieben, dann zelebrieren Sie diese Neigung genüsslich, indem Sie einen schönen Bücherschrank bauen. Sollte vor allem Musik Ihre Seele erfreuen, dann stellen Sie ein großes Sofa auf und lauschen so in Gemütlichkeit und Ruhe Ihrer Lieblingsmusik.

UNORDENTLICHE RÄUME VERSTOPFEN DEN KLAREN GEIST

Die Philosophie, dass klare Räume auch zu Klarheit im Geist verhelfen, trifft für die meisten Menschen zu. Die östliche Philosophie sagt

Diese attraktive Treppe könnte auch recht schäbig aussehen. Die Wirkung wurde erzielt durch die Kombination von weiß gestrichenen Wänden und naturbelassenem Holz. Die durchschimmernden Knoten und Astlöcher bilden zusammen mit den farbigen exotischen Masken ein harmonisches Ganzes.

Die eleganten Linien der Kommode, die ursprünglich zum Lagern von Kunstblättern gebaut wurde, ist ein sehr praktischer Aufbewahrungsort (links). **In Kombination mit einigen natürlichen Dekorationsstücken ergibt sich ein wunderbar harmonischer Gesamteindruck voll Ästhetik und Ruhe.**

Die geradezu schwebenden Vorhänge verleihen dem minimalistisch eingerichteten Schlafzimmer nicht nur einen Hauch von Sanftheit, sie mildern auch grelles Licht und geben dem Raum so eine Atmosphäre von gelassener Ruhe.

Dem schwarzen Schrank (linke Seite) **wird der düstere Eindruck von Schwere durch die Weidenkörbe genommen. Der sanft geschwungene Stuhl und der helle Fußboden helfen, dem ganzen Ensemble einen Hauch von Leichtigkeit zu verleihen.**

Das Deckenfenster garantiert, dass Ihr Raum erfüllt ist von natürlichem Licht. Das hereinflutende Sonnenlicht, das der Pflanze im Raum Lebenskraft gibt, schafft eine Verbindung zur Natur. So erhält auch der Mensch darin neue Vitalität.

sogar, dass eine überladene Wohnung Kräfte in uns anhäuft, die den freien Fluss der Energie verhindern. Wenn unsere Energie nicht frei fließen kann, dann sind wir auch nicht in der Lage, unsere Wohnung so zu verändern, dass sie Raum gibt für neue Gedanken und spontane Handlungen. Wenn Sie Ihren Platz von Überflüssigem reinigen wollen, dann müssen Sie mit geradezu religiösem Eifer jedes Stück daraufhin überprüfen, ob es wirklich noch zu Ihnen passt.

Alles, was Sie nicht mehr benutzen, haben wollen oder mögen, sollten Sie entweder wegwerfen oder spenden. Dazu gehören Schuhe, Kleider sowie Küchenutensilien; CDs, die Sie nicht mehr anhören, Fotos, die doch nie ihren Weg in ein Album finden, und auch Bücher, die Sie nicht lesen. Es ist auch wichtig, Ihr Zuhause von negativer Energie zu reinigen. Sie schleicht sich ein durch verwelkte und abgestorbene Pflanzen und alles, was kaputt ist oder von dem Teile fehlen.

DIE KRAFT DER FARBE WEISS

Denken Sie an irgendeinen Platz, der Ihnen ein besonderes Gefühl von Klarheit und Ruhe vermittelt hat – sei es eine Kirche, ein Yoga-Studio oder eine Wellnessoase: Ganz sicher haben all diese Orte Wände, die in sanften Weißtönen gestrichen wurden. Der Farbe der Reinheit, der Schlichtheit und des Friedens. Weiß ist der Schlüssel zu einer Umgebung voller Ruhe und Abgeklärtheit.

In einem weißen »Würfel« zu leben hat viele Vorteile. Nicht nur, dass weiße Wände den Raum größer und heller erscheinen lassen, weil sie das natürliche Licht reflektieren – Einfarbigkeit verhindert auch die optische Zerstückelung des Raums.

EINE DURCHGÄNGIGE FARBE VERHINDERT ZERSPLITTERUNG

Vermeiden Sie aber das bläulich schimmernde Ultra-Weiß. Es könnte den Raum kalt und hart erscheinen lassen – es sei denn, Sie leben in einem südlichen, sonnigen Land. Nehmen Sie einen leicht cremigen, eierschalfarbenen Ton – er verleiht dem Raum eine sanfte, warme Atmosphäre.

Ein komplett weißes Farbschema erlaubt auch, mit den verschiedensten Materialstrukturen zu arbeiten. Sie können beispielsweise raue Wände mit einem hochglanzlackierten Fußboden kombinieren, um eine leichte Spannung zu erzeugen; oder in ein paar weiße Korbstühle seidene Kissen legen, die eine diskrete Eleganz ausstrahlen, statt Eintönigkeit und Langeweile zu verbreiten. Eine durchgängig helle Farbe erlaubt, mit starken Farbkontrasten zu spielen und so geradezu dramatische Akzente zu setzen. Stellen Sie zum Beispiel eine Vase mit orangefarbenen Gerberas vor die weiße Wand, oder legen Sie einen leuchtend roten Teppich auf den Boden – und schon haben Sie einen reizvollen Blickfang geschaffen.

Ein weißes und cremefarbenes Farbschema (oben) **verdeutlicht die eindrucksvolle Wirkung von ganz sparsamen Dekorationen. Die durchsichtige Baumwolljalousie lässt viel natürliches Licht durchscheinen. So kommen der Stein und der Blumentopf als Dekorationselemente besonders zur Geltung.**

Unterschiedliche Materialien schaffen reizvolle Kontraste in einer rein weißen Umgebung (rechts)**: Das wird deutlich durch das Nebeneinander von rauer Tischoberfläche, kurvigen Korbstühlen und seidig schimmernden Vorhängen sowie glänzenden Tellern und der Milchflasche.**

Ein aufgeräumter Schreibtisch ist die wichtigste Voraussetzung, um konzentriert arbeiten zu können (diese Seite). Mit ein paar Schachteln für verschiedene Utensilien und einem Glas für Stifte ist alles gut untergebracht und Sie haben eine leere Schreibtischoberfläche für die Dinge, die Sie tatsächlich benötigen.

Ein Auswahl hübscher Spiralbücher und ein farbiges »paperweight« (links) **helfen Ihnen, sowohl Ihre Ideen als Ihren »Papierkram« in Ordnung zu halten, ohne dass es bei Ihnen langweilig und wie in einem Büro aussieht.**

Boxen sind nicht nur sehr nützlich, um Papiere unterzubringen (unten)**, sondern auch, um Zeitschriften zu sammeln. Diesem ordentlichen Büro verleiht die Kombination von pastellfarbenen Boxen und Hängeregistern, untergebracht in kubusförmigen Regalen, eine heitere und weniger maskuline Ausstrahlung.**

RETTUNG DURCH GENÜGEND STAURAUM

Wie gründlich Sie auch immer alles Überflüssige aussortieren, Sie werden doch immer Stauraum für die alltäglichen Dinge brauchen. Seien es nun Tisch- und Bettwäsche, Reinigungsprodukte, Papierkram usw. usw. ...

Alles will verstaut sein. Bedenken Sie auch bitte, dass Sie auf jeden Fall mehr Stauraum brauchen, als Sie zunächst vermuten. Sammlungen von Büchern, CDs, Keramiken und Schuhen werden in der Regel nie kleiner, sondern immer größer. Auch verändern sich die Gegebenheiten (vielleicht gründen Sie eine Familie, entdecken ein neues Hobby oder fangen mit Fitnesstraining an – alles Zubehör braucht zusätzlichen Platz).

Die gute Nachricht über moderne Schränke ist, dass sie ein sinnlich ansprechendes Design haben. Kaufen Sie sich einen Einbauschrank, der die ganze Wand bedeckt, und Sie haben damit ein Möbelstück, das die Großzügigkeit des Raumes hervorhebt, statt sie zu zerstückeln. Am besten eignen sich Magnetverschlüsse oder versteckte Türöffner. Dann fügt sich die Schrankwand harmonisch zu den übrigen Wänden ein.

Eine andere Möglichkeit ist, Aufbewahrungselemente so im Raum zu platzieren, dass sie sich harmonisch in das Gesamtbild einbeziehen. Sie können zum Beispiel eine Wand entfernen und dort ein beidseitig erreichbares Regel hinstellen, das vom Boden bis zur Decke

Modernes Design muss nicht langweilig sein, nur weil es auch praktisch ist (rechts)**: Sie können mit den einzelnen Elementen spielen; bilden Sie einen Turm aus versetzt aufeinander gestellten Boxen und Sie haben sowohl eine interessante Skulptur als reizvollen Blickfang als auch viel Stauraum.**

Stauraum, der sich unauffällig in die Gestaltung des Raumes einfügt, ist ideal, um den Kleinkram zu verstecken (nächste Seite)**. Einbauschränke, die über die ganze Wand gehen, geben dem Raum optisch mehr Weite. Wenn Sie sich außerdem für multifunktionale und zusammenfaltbare Möbel entscheiden, dann haben Sie die optimalen Voraussetzungen, Ihre Wohnräume sowohl ordentlich als auch großzügig zu gestalten.**

Natürliches Licht ist eine wesentliche Voraussetzung für die Gestaltung einer harmonischen Umgebung (rechts und gegenüber)**. Es hilft Energie zu schöpfen; es gibt dem Raum mehr Weite und nährt die Seele. Nach der Philosophie des Feng Shui ist eine tägliche Dosis von frischer Luft Voraussetzung, um das Haus von abgestandener, schwächender Yin-Energie zu befreien. Daher ist es wichtig, so viel Tageslicht wie möglich ins Haus zu holen. Es lohnt sich also, ernsthaft zu überlegen, wo zusätzliche Fenster eingesetzt – oder vorhandene vergrößert – werden können. Alternativ gibt es noch die Möglichkeit, Glastüren einzusetzen, Oberlicht zu schaffen oder/und einen Wintergarten anzubauen.**

reicht. Es sollte sich zusammensetzen aus offenen und geschlossenen Modulen. So können Sie sowohl einzelne Teile verschwinden lassen und andere als dekorative Elemente wirken lassen. Das Ganze unterstreicht optisch die Großzügigkeit des Raums.

Wenn Sie einmal damit anfangen, die Möglichkeiten für Stauraum in Ihrer Wohnung zu prüfen, dann werden Sie viele »tote Ecken« entdecken, in denen Sie unauffällig etwas unterbringen können. Zum Beispiel eine Schublade auf Rollen oder eine große Kiste unter dem Bett; ein Schminktischchen können Sie sich schaffen in einer Nische im Kleiderschrank, die Sie gut beleuchten.

SCHÖNE BEHÄLTER

Ein erholsames Zuhause hat immer eine durchgängige Gestaltung. Es sollte ein Platz sein, an dem sich Augen und Nerven von den Zwängen des hektischen Konsumierens erholen können. Um diese optische Ruhe zu erreichen, ist es wichtig, den Anblick industrieller Verpackungen auf ein Minimum zu reduzieren (nichts beleidigt das Auge so wie das Logo eines Toilettenreinigungsmittels). Bringen Sie all diese Sachen in hübschen Behältern unter, und Ihr Zuhause wird zu einer segensreichen »Marken-freien« Zone. Es ist gleichgültig, welche Art von Behältern Sie wählen, solange Sie jeweils Gruppen von gleichartigen zusammenstellen. Geben Sie zum Beispiel trockene Lebensmittel wie Nudeln, Mehl und Reis in gleiche Glasbehälter; legen Sie Waschmittel, Baumwollpads und Zahnpasta in Sisal- oder Weidenkörbe, und füllen Sie Keramikflaschen – natürlich mit Verschluss – mit Shampoo und Ihren Cremes sowie flüssiger Seife.

DAS LICHT WAHRNEHMEN

Denken Sie an ein beliebiges Ereignis, das Ihre Seele erfüllt hat – zum Beispiel den Aufenthalt in einer Kirche –, und Sie werden sich erinnern, dass die Reinheit der Lichtstrahlen einen großen Einfluss auf Ihre Stimmung hatte. So ist es nicht schwer zu verstehen, dass Licht eine entscheidende Rolle bei der Gestaltung Ihres Heims hat: Licht hilft, Energie zu bündeln, einzelne Plätze hervorzuheben, und nicht zuletzt schafft es eine optimistische und harmonische Stimmung.

Die beste Beleuchtung für die Wohnung und für die Stimmung ist Tageslicht. Nutzen Sie sämtliche Möglichkeiten, sich diesen Teil der Natur ins Haus zu holen. In der Praxis heißt das: Prüfen Sie alle Möglichkeiten, zusätzliche Fenster einzubauen oder vorhandene zu vergrößern oder auch ein Oberlicht zu schaffen. Eine schöne Alternative ist auch der Anbau eines Wintergartens.

Psychologen auf der ganzen Welt haben längst bewiesen, welch starken Einfluss Farben auf unsere Stimmung haben. Kombinieren Sie Farbe mit Licht, dann ist die Wirkung noch gesteigert. Ein blau gestrichenes Schlafzimmer (diese Seite) **schafft eine Stimmung von heiterer Gelassenheit, Frieden und innerer Ruhe. Die honigfarbenen Glasquadrate** (gegenüber) **an der Decke, die je nach Tageslicht ein unterschiedliches Farbspiel in sonnigem Gelb durch den Raum fluten lassen, sind nicht nur reizvoll, sondern verbreiten auch eine Stimmung von Optimismus und Energie.**

Die einfachste Möglichkeit, so viel Tageslicht wie möglich hereinzulassen, ist, die Fenster immer sauber zu halten. Falls Sie Vorhänge haben, so ziehen Sie sie am Tag zurück oder, noch besser, ersetzen Sie sie durch das Licht filternde Rollos. Außerdem sollten Sie das Äußere Ihrer Fenster frei halten von wildem Wein oder Efeu. Rücken Sie Licht absorbierende Möbel an das andere Ende des Raums, und achten Sie auch darauf, dass die Fensterbänke frei sind.

Sollte es Ihnen nicht möglich sein, die Fenster völlig frei zu halten – die Nachbarn schauen womöglich bei Ihnen rein –, dann verkleiden Sie die untere Hälfte mit einem halbdurchsichtigen Stoff. Leinen, Baumwolle oder auch Musselin sind geeignet.

Wenn das Licht zu grell hereinscheint, dann gibt es verschiedene Möglichkeiten, es zu dämpfen und gleichzeitig ein Spiel mit Licht und Schatten zu inszenieren: Versuchen Sie es entweder mit Lamellen-Fensterläden oder Milchglas, oder verkleiden Sie die Fenster einfach mit durchscheinendem Seidenpapier.

Bei künstlichem Licht sollten Sie strikt minimalistisch vorgehen! Ersetzen Sie Deckenlampen mit diffusem Lichtkegel; wählen Sie Wandlampen zusätzlich zu gemütlichen Tischlampen, so dass die Wände und Ecken klar ausgeleuchtet sind. Verbinden Sie die Elektrik miteinander, so dass Sie möglichst wenige hässliche Steckdosen und Lichtschalter brauchen. Sie können die Stärke der unterschiedlichen Lichtquellen variieren durch unterschiedliche Wattstärken der Birnen und durch einen Lichtdimmer.

WECHSELNDE STIMMUNGEN

Der Gedanke, die Beleuchtung der jeweiligen Stimmung anpassen zu können, ist sehr verführerisch! Dank der beiden avantgardistischen Hoteliers Ian Schrager und Philippe Starck ist das jetzt eine realistische Möglichkeit für Ihr Zuhause. Sie gehen noch einen Schritt weiter, als es im »Mondrian« in Los Angeles zu finden ist. Dort werden die weißen Wände mit farbigen Lichtern angestrahlt. Im Londoner Hotel »St. Martin's Lane« kann jeder Gast in seinem Zimmer die weißen Wände mit Farben seiner Wahl illuminieren. Noch besser ist, dass »Colorwash«, das von Schrager und Starck benutzte System, jetzt auch in Geschäften vorrätig ist – so kann jeder nun sein eigenes Zuhause entsprechend der momentanen Stimmung in die unterschiedlichsten Lichter tauchen: sanfte Töne von Blau bis Violett und Rot bis Grün – ganz einfach durch einen Druck auf den Schalter.

Senkrecht angebrachte dünne Drähte bilden eine harmonische Ergänzung zu den Winkeln der Treppenstufen (unten). Eine reizvolle Spannung erhält diese an sich neutrale Ecke durch den Formenkontrast, der durch die runde Schale und die Löcher in den eckigen Holzplanken zu Treppe und Drähten ergibt.

Planen Sie sorgfältig die Auswahl und Anordnung Ihrer Möbel – Sie werden dabei die Schönheit von Harmonie und Schlichtheit entdecken

Balance und Form

Um Harmonie in der Wohnung zu erreichen, ist es wichtig, Ausgewogenheit zwischen Funktion und Form zu schaffen. Dieses Konzept geht zurück auf die Zen-Ästhetik, die Wert legt auf die Ausgewogenheit von Yin und Yang. In der Laiensprache kann man auch sagen: »Wenn Gegensätzliches gleichermaßen vertreten ist, dann ergibt sich daraus eine harmonische Energiebalance.«

Die Energie in unserem Zuhause befindet sich ständig im Wandel. Und so ist es ganz wichtig, Yin (kühl, dunkel, unbelebt) und Yang (heiß, hell, belebt) ständig in Balance zu halten. Nur so schaffen wir eine Umgebung, die Ruhe und neue Energie spendet. Am besten lassen sich Yin und Yang in die Wohnung integrieren durch die natürlichen Elemente Feuer, Wasser, Erde, Metall und Holz. Diese fundamentalen Arten von Energie kommen in allen Substanzen und Phänomenen vor. Wenn diese Elemente gleichwertig repräsentiert sind, dann schaffen wir die harmonische Atmosphäre, nach der wir uns sehnen.

Es ist nicht nötig, die fünf Elemente in ihrer reinen Form in der Wohnung unterzubringen. Sie können symbolisiert werden durch verschiedene Materialien und Farben. Haben Sie zum Beispiel nicht genug Platz für ein Wasserbassin, dann geben Sie einem blauen Kissen oder einer türkisfarbenen Vase einen Platz. Ebenso

Die Sinuskurve der schlichten Keramikvase (oben) **wirft einen wunderschönen Schatten in zwei Tönen, während die Strenge der Lampe durch das weiche Licht gemildert wird.**

Die Kräfte von Yin und Yang werden hier durch Farben repräsentiert (rechts)**: Die runden Malereien in Orange symbolisieren Feuer, ihr brauner Hintergrund Erde. Das blaue Kissen steht für Wasser und der Blütenzweig für Holz.**

Dieser Feuerplatz wird in perfekter Ausgewogenheit auf verschiedenen Ebenen von Dekorationsstücken umgeben (diese Seite)**. Die elegante Symmetrie der lackierten Töpfe auf dem Sims korrespondiert mit dem rauen Material der Körbe, und ihr glänzender Schimmer findet sein Echo im schwarzen Bilderrahmen, der gegen die Wand gelehnt wurde. Strenge Linien kontrastieren mit runden Kurven und bewirken einen spannenden Effekt, während die Töpfe oberhalb des Zentrums dem ganzen Ensemble die Balance geben.**

Kontrastierende Farben zu verwenden (nächste Seite) **ist ein sicherer Weg, das Heim mit Energie anzureichern. Hier wirken die Farben Meeresblau und Gelb belebend auf den sonst eher melancholischen Raum, und sie verhindern, dass das schwarze Holz alles dominiert.**

kann Feuer durch eine Kerze oder eine orangefarbene Lampe repräsentiert werden; Erde durch Kiesel, Holz durch Zimmerpflanzen und Metall durch einen silbernen Fotorahmen.

Spirituelle Energie wird gefördert durch das Zusammenfügen von Widersprüchlichem: alt mit neu, heiß mit kalt, dekorativ mit karg. All das erzeugt eine elektrische Schwingung zwischen den Gegensätzen. Ein gutes Beispiel ist die starke Energie, die entsteht, wenn ganz unterschiedliche Farben zusammenkommen. Das funktioniert besonders gut vor einem überwiegend neutralen Hintergrund, wo das Nebeneinander von Pink und Gelb oder Braun und Türkis plötzlich Leben in eine langweilige Ecke bringt.

DEKORIEREN MIT DEM SECHSTEN SINN

Feng-Shui wird seit viertausend Jahren praktiziert und ist der Teil der taoistischen Philosophie aus China, welche die Kunst der Gestaltung von Erfolg und Glück verheißenden Räumen entwickelt hat. Das heißt, so einzurichten, dass *chi* (die vitale Lebenskraft) gesammelt wird und *sha* (schädliche, vergiftende Einflüsse) abgewehrt wird.

Wird die Energie in Ihrem Haus blockiert – oder fließt sie zu schnell –, kann das auch Blockaden im Leben nach sich ziehen. Glücklicherweise lässt sich Energieverschwendung leicht korrigieren. Die Kernaussage von Feng-Shui ist, dass es durch kleine Änderungen bei der Anordnung von Möbeln und Dekorationselementen möglich ist, Ihre Beziehungen, Ihre seelische Stimmung, Ihre Gesundheit und Ihre Finanzen zu verbessern!

Laut Feng-Shui sind große Spiegel ausgezeichnete Helfer, um in einem Wohnraum das positive Yang zu steigern (ganz links). **Nicht nur, dass sie den Raum größer und heller wirken lassen, sie schaffen durch die Reflexion auch einen zusätzlichen interessanten Blickfang.**

Um eine natürlich ausbalancierte Wohnzimmeratmosphäre zu schaffen, ist es nötig, dass die fünf Elemente (Holz, Wasser, Feuer, Erde und Metall) repräsentiert sind (links). **Hier sind die Elemente gut vertreten: Holztisch, Kerzen, Kerzenhalter und Untersetzer aus Stein, Besteck und Wassergläser.**

Um die Strenge der modernen Welt zu mildern, in der wir überwiegend von technischen Geräten umgeben sind, ist es unbedingt nötig, mit weichen Linien und natürlichen Materialien einen Ausgleich zu schaffen (oben).

Einfarbige, daher streng anmutende Plätze können leicht mit einer Sammlung natürlicher Objekte aufgelockert werden (unten), die hier auf dem Kaminsims arrangiert wurden. Das vertikale Arrangement von Treibholz schafft Ausgleich für die horizontal dekorierten Muscheln, und die runden Muster auf den Kissen lockern das ganze Bild weiter auf.

Farbig Gemustertes kann einem Raum durchaus einen reizvollen Akzent geben, ohne dass er dadurch sein klares Design verliert. Hier (rechts) bilden die bauschigen Blüten, arrangiert in einer eleganten Vase, und die großen Fußbodenkissen aus Kimonostoff eine ideale Harmonie.

Auch wenn es zurzeit besonders »in« ist, einen Feng-Shui-Experten zu engagieren, so können Sie den Energiefluss in Ihrer Wohnung auch gut lenken, ohne einen Profi zu konsultieren. Es gibt eine Reihe von praktischen Ratgebern zum Thema, welche die Grundprinzipien auch sehr gut erklären – sie führen direkt zu einer lebensbejahenden Einrichtung.

Ein nicht überladenes Schlafzimmer ist Voraussetzung für optimale Erholung (unten). **Hier schafft die Kombination von schlichter Möblierung und sanften Farben die Atmosphäre für erholsamen Schlaf. Die Farben Rosa, Gelb und Blaugrau beruhigen den Geist. Das pastellfarbene Bild gibt dem Ganzen einen perfekten Rahmen.**

GESTALTEN SIE IHR HEIM FÜR GESUNDHEIT, HARMONIE UND GLÜCK

Nachstehend in Kürze die wichtigsten Regeln:

- Vermeiden Sie es, Ihr Bett unter ein Fenster zu stellen. Dies unterbricht den Energiefluss um Sie herum und kann Ihren Schlaf stören.
- Arrangieren Sie Sofas und Sessel zu einem Quadrat. L-Formen könnten Unglück verheißen
- Große Spiegel sind ein hervorragendes Mittel, um Energie an einen engen Platz zu bringen. Platzieren Sie aber keinen Spiegel so, dass er die Tür reflektiert. Das zerstreut die Energie.
- Kombinieren Sie gerade und runde Linien – so mildern Sie den kalten technischen Einfluss der modernen Welt.
- Platzieren Sie Quarz-Kristalle (das »Aspirin« des Feng-Shui) auf scharfe Kanten – wie sie z. B. der Schreibtisch haben kann –, um schlechtes Chi abzuwenden.
- Öffnen Sie wenigstens zweimal pro Woche die Fenster in zwei verschiedenen Räumen, schaffen Sie Durchzug. Damit ermöglichen Sie frischer Yang-Energie, die abgestandene Yin-Energie hinauszufegen.
- Frische Blumen bringen stärkende Yang-Energie, die sich in niederdrückende Yin-Energie verwandelt, sobald die Blumen zu welken anfangen. Ersetzen Sie also Blumen in dem Moment, in dem sie beginnen, schlaff zu werden.

DIE KUNST, OBJEKTE ZU ARRANGIEREN

Dekorationsobjekte kreativ zu arrangieren ist ein idealer Weg, um die Harmonie von Yin und Yang zu schaffen.

Die unterschiedlichen Größen und Formen der Nischen in der Wand (rechte Seite) **geben einen perfekten Rahmen für diese Sammlung exquisiter Keramiken ab. Dazu zaubern ihre Farben ein schönes Spiel von Licht und Schatten auf der weißen Wand.**

Bilder von ähnlichem Stil – seien es Drucke, Fotos oder Postkarten – können großartig wirken, wenn sie zusammen aufgestellt werden. Sie müssen keineswegs aufgehängt werden; wichtig ist, dass sie ganz einfache Rahmen haben.

Die raue Oberfläche der Steine mildert den glatten, eckigen Eindruck der Bilderrahmen, während ihre natürlichen Formen und unterschiedlichen Größen einen spannenden Kontrast zu den identischen Proportionen der drei Bilder schaffen.

Am besten eignen sich dazu kleine, formschöne Dinge aus der Natur: Blumen, Zweige, Früchte, Steine und Muscheln. Sie verkörpern – im Gegensatz zu künstlich geschaffenen Objekten – die vollkommene Harmonie der natürlichen Schönheit. Kerzen, Muscheln und Steine (Kiesel, Kristalle) wirken am besten, wenn sie zusammengestellt werden. Wählen Sie sanfte Farben und klare Linien, die gut zusammenpassen und sich gut in die Umgebung einfügen – einen grünen Jade-Buddha neben einem weißen Teller zum Beispiel. Gleichartige Objekte in verschiedenen Größen zusammenzustellen wirkt auch sehr effektiv – etwa drei Körbe in verschiedenen Größen; oder nutzen Sie die Ähnlichkeit des Materials von Vasen, Gläsern und gerahmten Bildern. Wenn Objekte den natürlichen Rahmen einer Nische oder eines Kaminsimses erhalten, dann erschließt sich noch eine besondere Ästhetik. Wählen Sie unterschiedliche Strukturen und Materialien, um eine Ausgewogenheit im Gesamteindruck zu erreichen: ein raues Stück Schwemmholz mit einem glatten Kiesel oder eine weiche Kaschmirdecke über einer harten Stuhllehne. Ausgeglichenheit in der Anzahl der Objekte ist ebenso wichtig – gerade Zahlen wirken beruhigend, während ungerade Zahlen Spannung erzeugen. Größe und Höhe zu variieren wirkt auch sehr gut: Mischen Sie dunkle, strenge Töne mit hellen, fast transparenten, oder stellen Sie einige schmale, hohe Vasen zusammen mit halbhohen Gefäßen auf.

Wenn es zum Bilderaufhängen kommt, gelten strengere Richtlinien: Haben Sie eine gut proportionierte leere Wand, dann hängen Sie ein großes Bild in die Mitte – mehr nicht. Eine schöne Alternative kann sein, mehrere Bilder vom gleichen Künstler zusammen zu hängen – allerdings sollten sie ähnlich gerahmt sein. Wenn Sie Bilder von verschiedenen Künstlern zusammen aufhängen, dann achten Sie darauf, dass sie ähnliche Farben haben, und erlauben Sie ihnen zu »atmen«, indem Sie jedem genug Raum an der Wand geben.

Natürliche Objekte wie Muscheln, Steine oder Samen sind hergestellten vorzuziehen, beinhalten sie doch auch immer eine schöne Erinnerung: ein Tag am Meer, ein Spaziergang auf dem Land…! Raue und glatte Oberflächen zu kombinieren ist ein bewährtes Rezept für ein schönes Arrangement, wie man an den zwei Muscheln (links) **sehen kann: Eine zeigt ihr schimmerndes Inneres und die andere ihre raue Oberfläche. Ähnlich: Die Glasgefäße und die lackierte Schale mildern die grobe Tischoberfläche** (unten)**, während die rauen Bimssteine** (unten links) **mit der glatten Unterlage harmonieren.**

Herbstblätter auf Sackleinen ergeben eine originelle, schlichte Tischdekoration. Die natürliche Schönheit gefundener Objekte kann von Gestaltetem nicht imitiert werden.

Ein einfacher weißer Schrank mit Glasfront (rechts) **ist ein wunderschöner Ort für eine Sammlung von verschiedenen Objekten in erdfarbenen Schattierungen. Gefällige Kontraste von Höhen, Materialien und Konturen bilden hier ein anspruchsvolles Ensemble.**

EINEN HORT DER BESINNLICHKEIT SCHAFFEN

Das immer stärkere Bedürfnis vieler Menschen nach einem Ort des Rückzugs für innere Ruhe oder Meditation steht in direktem Zusammenhang mit dem ständig steigenden Tempo unserer äußeren Welt. Die fundamentalen Fragen nach dem Sinn des Lebens werden wichtiger. Als Ergebnis dieser Entwicklung wird die Errichtung eines persönlichen Altars in der eigenen Wohnung immer beliebter.

Suchen Sie also nach einem Platz für einen Schrein, an dem Sie täglich für mindestens fünfzehn Minuten in Ruhe meditieren können. Sollte Ihr Heim groß genug sein, dann reservieren Sie dafür einen eigenen Raum. Wenn nicht, dann gestalten Sie eine ruhige Ecke mit einem Bodenkissen und einem Tisch, auf dem Sie bedeutungsvolle Objekte platzieren. Sie sollten symbolisch auch die fünf Elemente repräsentieren: eine Feder zum Beispiel, die als Symbol steht für die aufsteigende Energie der Luft; eine gefüllte Vase oder Schale, welche die reinigende Kraft des Wassers darstellt; eine Kerze

SCHREINE ENTWICKELN SICH MIT IHREM SPIRITUELLEN WACHSTUM

für die transformierende Kraft des Feuers; Sand, Salz oder Steine für die Weisheit der Erde; und eine Münze oder ein Silberrahmen für die neutralisierende Kraft des Metalls.

Ihre Augen und Ihr Herz werden Ihnen mitteilen, wenn Sie die richtige Balance bei Ihren Objekten gefunden haben. Mit der Zeit werden Sie merken, wann einige Ihrer Schätze ihre Vitalität eingebüßt haben und ausgewechselt werden sollen. Das ist so, weil Ihr Altar Ihr spirituelles Wachstum widerspiegelt – darum wird er sich mit Ihnen verändern. Es kann zum Beispiel sein, dass Ihr Schatz von Muscheln, die Sie in einem Urlaub auf Bali gesammelt haben, an Wichtigkeit verliert,

Der Ort für Kontemplation (diese Seite) **kann bis zu einem Dutzend Ihrer Lieblingsstücke beherbergen, durchaus auch eine Figur oder ein Bild von einer Gottheit. Die fünf Elemente – Erde, Wasser, Feuer, Metall und Holz – sollten auch vertreten sein, um eine besänftigende Ausgewogenheit zwischen Yin und Yang zu schaffen. Empfehlenswert ist auch, eine Blume oder Topfpflanze dazu zu stellen. Sie fördert spirituelles Wachstum und hilft Ihnen, mit der natürlichen Welt in Verbindung zu bleiben.**

Durch die liebevolle Auswahl und Platzierung von Ziergegenständen kann sogar der nüchternste Winkel Ihres Zuhauses (gegenüber) **eine Qualität von Stille ausstrahlen.**

nachdem Sie Ferien an einem anderen, ähnlich magischen Ort verbracht haben. Oder ein Andenken, das Sie von einem geliebten Menschen erhalten haben, verliert seine Wirkung, wenn die Beziehung sich abgekühlt hat. Es ist daher wichtig, den Schrein zu pflegen, denn er spiegelt Ihre Haltung zu Ihrer spirituellen Entwicklung.

DAS GÖTTLICHE FINDET SICH IM DETAIL

Dank ihrer ganz eigenen Qualitäten sind Objekte aus der Natur immer eine starke Quelle der Inspiration. Eine Pfirsichblüte oder die Schönheit einer gefältelten Knospe erscheint uns als Ausdruck eines Wunders – auch wenn sie nicht perfekt ist. Außerdem sind diese Details oft reich an persönlichen Assoziationen – eine Feder, gefunden in den Ferien; oder ein Kiesel, aufgelesen an einem vom Wind gepeitschten Strand. Beide haben eine Bedeutung, die weit über materielle Werte hinausgeht.

Die Sorgfalt bei der Auswahl des Dekors für unseren heiter-ruhigen Lebensraum schult perfekt unsere Beobachtungsgabe und ermöglicht uns so, die Schönheit in alltäglichen Gegenständen zu erkennen, die wir in einer überladenen Umgebung leicht übersehen hätten. So kann zum Beispiel ein Glas, gefüllt mit gesammelten Muscheln, die mystische Energie von Mond und rauschendem Ozean heraufbeschwören, ebenso wie das silbrig schimmernde Treibgut, das im Laufe der Zeit von den Meeresgezeiten ausgewaschen wurde. Ähnlich schenken uns antike Holzmöbel, die auf Hochglanz poliert wurden, sowohl die Möglichkeit

Es ist nicht nötig, in der Wohnung einen besonderen Platz zu schaffen, nur um die Schönheit von Blumen genießen zu können. Eine einzelne Blüte in einem Trinkglas (links) **verschönert das Zuhause ebenso.**

Schlichtes, reduziertes Dekor bringt die Besonderheit einzelner wertvoller Teile erst richtig zur Geltung (links unten)**. Hier wird durch Hochglanzpolitur die unregelmäßige Oberfläche der alten Truhe betont. Das Zusammenspiel von gemaserter Kommode, eiförmigem Objekt und moderner Lampe macht den Reiz dieses Platzes aus.**

Die fast perfekte Symmetrie zwischen den Bilderrahmen und den zwei Ständern aus Olivenholz wird wunderbar ergänzt durch die beiden massiven Bienenwachskerzen (unten)**.**

ENTWICKELN SIE IHREN SINN FÜR DIE SCHÖNHEIT NATÜRLICHER DETAILS UND GEFUNDENER OBJEKTE

ihre Maserungen und Risse zu bewundern wie auch das Gefühl für Stabilität, Komfort, Weisheit, Vornehmheit und Strenge. Aus dem gleichen Grund sprechen uns auch handgemachte Keramiken, Schnitzereien aus gemasertem Holz und liebevoll geknüpfte Teppiche intuitiv an. Da wir wissen, dass diese Gegenstände mit Sorgfalt und Aufmerksamkeit hergestellt wurden, schätzen wir auch ihre einzigartigen Unregelmäßigkeiten, denn gerade sie geben jedem Stück seine eigene Identität.

Mit Blumen bringen wir auf schöne, inspirierende Weise einen Teil der Natur in unser Zuhause. Nicht nur, dass sie hübsch aussehen, sie ermutigen auch das spirituelle Wachstum und erneuern unsere Energie. Die wichtigsten: Chrysanthemen unterstützen die Konzentrationsfähigkeit, Lotusblüten öffnen die Kanäle für spirituelles Bewusstsein, Iris fördert die spirituelle Integration, Rosen stehen für Liebe, der Sonnenhut (kleine Sonnenblume) soll spirituelles Bewusstsein stärken, Engelstrompeten fördern den Bezug zur Spiritualität und Angelika soll uns mit göttlicher Energie verbinden.

Seit tausenden von Jahren wurden polierte Steine und Gemmen bei sakralen Zeremonien benutzt, weil man überzeugt war, dass jeder von ihnen eine besondere Energie repräsentiert. Zu den Steinen, die spirituelle Kraft aussenden, gehören: Smaragd für Heilung, Lapislazuli für Intuition, Blutachat für Willenskraft, Bergkristall für Harmonisierung und Rubin für Stärke, Gesundheit und spirituelle Hinwendung.

EWIGE FLAMMEN

Für tausende von Jahren waren Kerzen ein wichtiger Bestandteil des täglichen Lebens – dunkle Nächte erhellend – und bei religiösen Zeremonien rund um die Welt Frieden und Hoffnung repräsentierend. Auch heute ist Kerzenlicht ein wichtiges Attribut, stellt es doch den göttlichen Funken in jedem von uns dar, ebenso wie es durch das Spiel der Schatten unsere Fantasie entzündet.

Schaffen Sie reizvolle Kontraste, indem Sie Wachskerzen mit Kerzenhaltern aus rauem Ton oder kleinen Glassteinchen kombinieren. Nehmen Sie unterschiedlich aromatisierte Kerzen, denn Düfte fördern die Entspannung. Aromatherapie kommt auch daher in Form von Räucherstäbchen, die nun wieder in Mode sind. Mit ihnen können Sie ganz schnell und einfach eine spirituelle und auch etwas exotische Stimmung in Ihrer Wohnung zaubern.

Es gibt unendlich viele verschiedene Typen von Kerzen zu kaufen. Gute Voraussetzungen also, die richtige Kerze für die Meditation oder für die Gestaltung einer entspannenden Atmosphäre zu finden: solche, die umgeben von bunten Blüten im Wasser schwimmen; wie Skulpturen gestaltete mit vier oder fünf Dochten und elegante, schlanke aus Bienenwachs. Sie verströmen eine nahezu sakrale Atmosphäre, wenn sie in ein mit Sand gefülltes Glas gestellt werden. Auch kleine Teelichter, in farbige Glasbehälter gesetzt, erzeugen funkelndes Strahlen, während ein Bündel Weihekerzen eine Galaxie von fast göttlichem Schein erzeugt.

HIMMLISCHE DÜFTE

Wissend, dass Düfte unser Wohlgefühl steigern, kann ihr sorgfältiger Gebrauch unser Heim in eine Oase sinnlicher Wahrnehmungen verwandeln. Erfrischend, wenn wir angeregt werden wollen, und beruhigend, wenn Entspannung angesagt ist. Es gibt Zerstäuber, Kerzen, Potpourri, Kräuterkissen, Räucherstäbchen und Weihrauchkegel.

Duftkerzen sind am populärsten, um Räume zu parfümieren. Sie können sogar hier nach Feng-Shui vorgehen und die Essenzen der Elemente Feuer, Wasser, Erde, Metall und Luft in Form eleganter Wachskerzen finden. Aromatherapie-Kerzen mit den Duftnoten von Jasmin, Orangenblüte, Frangipani, Geißblatt und Maiglöckchen

Schwimmende Kerzen, geformt wie Blumen und kombiniert mit Blüten und Blättern, vertreten auf hübsche und wirkungsvolle Weise das Zen-Prinzip von Feuer und Wasser (links und unten). **Erinnernd an uralte fernöstliche Meditationspraktiken, versetzt uns Kerzenlicht in besinnliche Stimmung.**

Elegant verpackte Bienenwachskerzen (links) **werden angezündet, um den Raum mit einem feinen, aber charakteristischen Duft zu füllen.**

Ein Arrangement von preiswerten Teelichtern in farbigen marokkanischen Teegläsern gibt Ihrem Wohnzimmer einen strahlenden Schimmer, der hilft, die Fantasie anzuregen und die spirituelle Energie zu stärken.

Da die Vorliebe für Kerzenlicht steigt, vergrößert sich auch das Angebot an unterschiedlichen Wachslichtern. Ob Sie sich entscheiden, Ihren Wohnraum mit eleganten Bienenwachskerzen zu beleuchten oder mit skulpturenartigen Blöcken (unten)**, die mehrere Dochte haben – Kerzenlicht hilft sowohl die Atmosphäre mit anregendem oder beruhigendem Aroma anzureichern, als auch mit seinem flackernden Licht stimmungsvolle Schatten zu werfen.**

STÄRKEN SIE GEFÜHLE VON OPTIMISMUS UND SANFTMUT MIT AROMEN

sind ebenfalls wirkungsvolle Stimmungsaufheller, während würzig duftende Kerzen die exotischen Gerüche von Amber, Moschus und Zimt verbreiten. Dank ihrer Fähigkeit, die Umgebung von unguten Schwingungen zu reinigen, werden ätherische Öle auch gerne als Raumduft genommen. Am besten wirken sie in Verbindung mit Hitze: Luftbefeuchtern, elektrischen Zerstäubern oder Keramikeinfassungen um Glühbirnen –, so werden die Düfte gleichmäßig und stetig freigesetzt. Wenn Sie eine spirituelle Stimmung schaffen wollen, dann versuchen Sie Sandelholz für die Einstimmung, Weihrauch für innere Klarheit und Zedernholz, um die Energie zu klären. Sanfte Stimmungen können Sie zaubern mit Geranie, Neroli, Rose, Jasmin, Ylang Ylang, Lavendel oder Kamille.

Seit tausenden von Jahren haben die Menschen Kräuter, duftende Baumharze und andere aromatische Substanzen verbrannt, um sich mit der spirituellen Welt zu verbinden, indem sie die Rauchspiralen auf ihrem Weg zum Himmel betrachtet haben. In der Hippie-Zeit, den 1960er bis 1970er Jahren, waren Räucherstäbchen sehr beliebt. Nun sind sie wieder in Mode. Heutzutage wird die Räucherware allerdings sehr viel vornehmer verpackt. Lackdosen ersetzen die Plastiktüten von früher, während Zitronengras und Ingwer die Massenaromen von damals verdrängen – Jasmin und Patschouli.

Raum, Licht und natürliche Materialien wurden hier (links) auf vollkommene Weise genutzt, um einen wunderschönen Raum mit spiritueller Ausstrahlung zu schaffen. Das Nebeneinander von kurvigem Geländer vor einer Wand aus unbehandelten runden Holzstämmen und streng kantig geschnittenen Fenstern schafft eine kraftvolle Spannung.

Hier wurde mit verschiedenen Naturmaterialien eine gemütliche Ecke geschaffen (rechts), die sowohl bequem als auch ästhetisch ist.

NATÜRLICHE VERBINDUNGEN

Das Zusammenspiel von natürlichen Farben und Materialien schafft eine Umgebung von ungekünstelter Heiterkeit.

Das Zuhause mit natürlichen Elementen zu möblieren ist eine Tradition aus dem Zen, die sich als sehr erfolgreich erwiesen hat, wenn das Heim ein Hafen gegen die Unrast der äußeren Welt sein soll. Mit Materialien wie Holz, Stein, Leinen und Hanf können wir unser Zuhause mit der Fruchtbarkeit der Erde bereichern und den Reichtum ihrer Formen und Farben genießen. Nach der Erkenntnis von Zen stimulieren natürliche Grundstoffe die Sinne in einer Weise, wie synthetische es nicht können. Vergleichen Sie zum Beispiel den sinnlichen Wert eines kalten Linoleumbodens mit warmen Holzdielen – was attraktiver wirkt, ist leicht zu erkennen. Ähnlich: Eine elegante Türklinke aus Glas fasst sich angenehmer an als eine aus Plastik.

Aus dem gleichen Grund gehen die spirituellen Regeln des Zen-Stils auch konform mit dem Ethno-Stil, der jetzt in Mode ist – man kann spüren, dass dieses Dekor nicht nur schön aussieht, sondern auch hilft, das Zuhause harmonisch zu gestalten. Wohnungen ohne natürliche Elemente rauben ihren Bewohnern Energie und verstärken ihr Gefühl, abgeschnitten zu sein von dem Bewusstsein, ein Teil des Ganzen zu sein.

Muster- und Materialmix sind nötig, um einen Raum lebendig und harmonisch wirken zu lassen und dem Ort den Eindruck von Kühle zu nehmen. Durch die wie zufällig wirkenden roten Details in Kombination mit den weichen Polstern auf den harten Holzsesseln bekommt das kleine Holzhaus (rechte Seite) **eine regelrechte »Energiespritze«, während die elegante Linie des Sofas** (rechts) **mit dem groben Sisalboden kontrastiert und das Ganze wieder gemildert wird durch die darüber geworfene Decke. Ähnlich ist der schimmernd blank polierte Terrakottaboden** (unten) **eine kühle Ergänzung zu dem warm wirkenden Juteteppich.**

Soweit es Möbel betrifft, sind geschwungene Linien den geraden vorzuziehen, einfach weil uns das hilft, uns von der Rigidität der modernen Welt zurückzuziehen. Dort dominieren harte Linien und scharfe Kanten. Wenn Sie sich für gerade Linien bei Ihren Möbeln entscheiden, dann können Sie den Eindruck von Strenge bei Sofas, Sesseln und Fußbänken mildern, indem Sie Weiches dazugeben. Ein überbordender Polstersessel, weiche Kissen, wie zufällig übergeworfene flauschige Decken, die kantige Ecken verdecken – all das wird

KONTRASTREICHE DETAILS NEHMEN EINEM SPARTANISCH EINGERICHTETEN RAUM DIE KÜHLE

helfen, die Aufmerksamkeit von den harten Linien abzulenken; wählen Sie dazu freche Karos, blasse Blumenmuster und modische Streifen. Das ergibt einen spontan wirkenden und aufgelockerten Stil.

Mit intelligent genutzten Farben kann man auch sehr wirksam optische Unterbrecher schaffen: Natürlich anmutende Schattierungen von Mauve, sonnigem Braun und Terrakotta erwecken den Eindruck eines ruhigen, einheitlichen Ganzen, während eher auffällige Farben wie Rot, Lila, Türkis, Pink und Gelb den Blick auf einzelne Details lenken.

KOMMEN SIE ZUR RUHE MIT HILFE VON FARBEN

Die Farben der Natur geben uns die wichtigsten Inspirationen bei der Gestaltung einer ganz natürlich entspannend wirkenden Umgebung.

Der dunkle Steinfußboden wirkt alles andere als kühl und abweisend – dank der großzügig orange gestrichenen Wand (diese Seite)**. Diese Farbe ist eine strahlender und leuchtender wirkende Variante von Terrakotta. Sie hilft auch, das nüchterne Design des Tisches aufzulockern und den Blick auf die Blumentöpfe auf der Fensterbank zu lenken.**

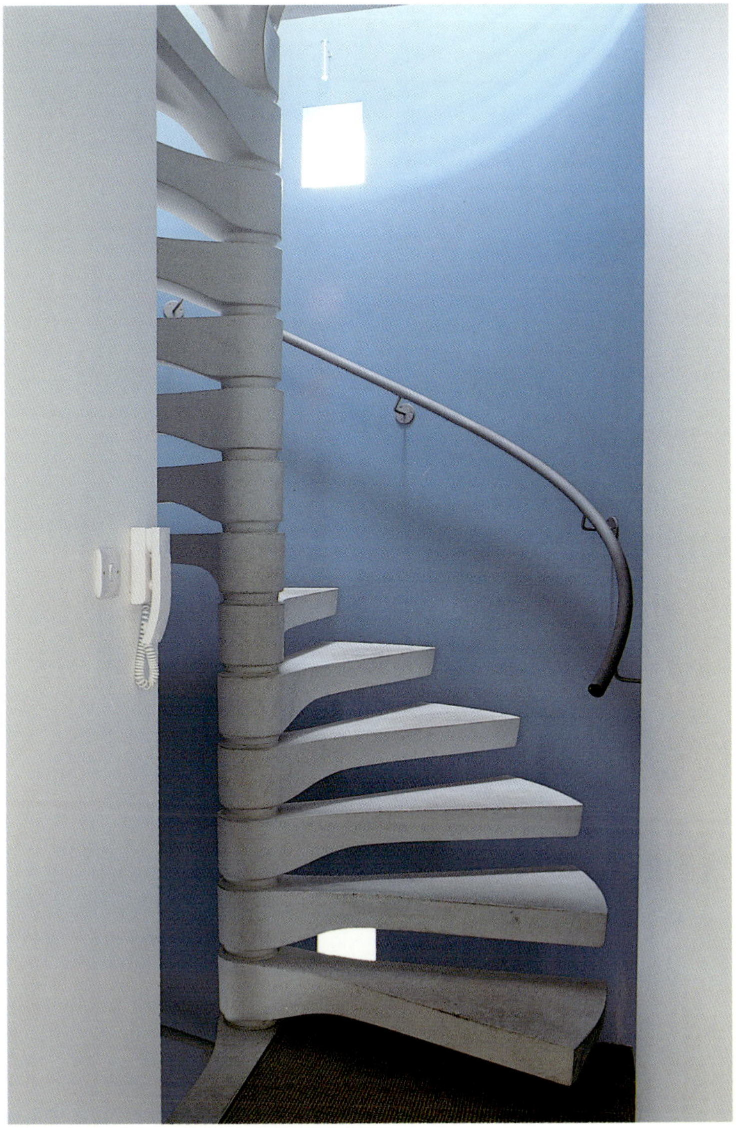

Kombinieren Sie ruhige und erdige Töne, bevor Sie dann zum Beispiel mit Meeresblau oder Tannengrün Akzente setzen.

Zu ruhigen Farben gehören Nuancen von Weiß in Richtung Eierschalfarben, Beige, Strohgelb, Ocker und Sand; diese können mit weichen Pastelltönen kombiniert werden, so etwa Blassblau oder einen Hauch von Grün, was einen ultimativ harmonisierenden Effekt hat. Wenn Kontraste gefragt sind, dann wählen Sie aus der großen Farbpalette von steinigen und erdigen Tönen. Das sind sanfte und subtile Schattierungen, variierend vom kühlen Weiß, Grau und Rosa von Marmor, Schiefer und Granit über die Gelbtöne von Wüstensand bis zu den warmen Rosttönen und dem Dunkelrot monumentaler Felsen.

SINNLICHE FARBEN

Braun: Braun schafft ein Gefühl von Geborgenheit und Schutz durch die Assoziation zur Farbe der Erde – Farbpigmente wie »Siena«, »Umbra« und »Ocker« wurden ursprünglich aus der Erde gewonnen. Verwenden Sie das in einem modern eingerichteten Raum, um ihm eine warme, lebendige Atmosphäre zu geben. Braun sollte sparsam eingesetzt werden – zu viel davon kann depressive Gefühle hervorrufen.
Beigetöne: Diese neutralen Töne passen gut zu organischem Material wie Holz, Rohr, Korbweide und Steinen. Bekannt als wirksam gegen

Bei Durchgangsräumen (Treppe, Flur, Eingang) ist die einheitliche Farbgebung wichtig, um dem Ganzen eine Geschlossenheit zu geben. Dieser Treppenaufgang (oben) **mit den geradezu mystisch anmutenden blauen Schatten ist ein ausgezeichnetes Beispiel, welchen Effekt von Licht und Transparenz man mit einem einfachen blassen Farbanstrich erreichen kann.**

Die gedämpften Farben der glasierten Flaschen (rechts) **versammeln sanfte Schattierungen aus der Natur, wecken Erinnerungen an grüne Wiesen, ruhige Gewässer und Heidekraut.**

Wenn Sie Ihren Räumen eine ganz persönliche Note geben wollen, dann sollten Sie sich für Naturmaterial statt künstlichem entscheiden (links)**, wie bei diesem Federfächer.**
Ein kühles grünes Treppenhaus (unten) **ist die perfekte Verbindung zwischen Räumen in verschiedenen Etagen. Bekannt für seine Ausgewogenheit von Yin und Yang, ist Grün eine ideale Farbe für Durchgangsräume.**
Warme erdige Farbtöne geben dem lichtdurchfluteten Schlafzimmer eine sanfte, erholsame Atmosphäre (gegenüber)**.**

WÄHLEN SIE DIE GRUNDFARBEN AUS EINER PALETTE NATÜRLICHER ERDIGER TÖNE, UND BELEBEN SIE DIESEN NEUTRALEN HINTERGRUND MIT FARBIGEN AKZENTEN VON SANFTEM BLAU, GRÜN ODER ROT

Stress, lässt sich mit Beigetönen leicht leben. Außerdem reflektieren sie das Licht und lassen Räume größer wirken.

Terrakotta: Dieser leuchtende erdige Farbton strahlt intensive Wärme aus und vermittelt das Gefühl von natürlicher Geborgenheit. Er wird seit Jahrhunderten bevorzugt für Möbel und Wände verwendet und hat so eine zeitlose Qualität erreicht, ohne dominant zu sein.

Blau: Man nennt es die spirituellste Farbe aus dem gesamten Spektrum. Es regt elf körpereigene beruhigende Hormone an und wird in Verbindung gebracht mit der spirituellen Qualität des Mondes – ebenso wie Weiß, Silber und Indigo.

Grün: Grün symbolisiert Regeneration und spirituelles Wachstum. Es ist ebenso erholsam für die Augen, wie es gleichmäßig Yin und Yang in sich vereint und so die Energien in Harmonie bringt.

Violett: Violett besänftigt den Geist bis in die tiefsten Schichten. Da es auch Körper und Seele entspannt, wird es gern in Meditationsräumen verwendet.

Gelb: Gelb wirkt belebend und regt optimistische Gefühle an. Außerdem ist es sehr hilfreich dabei, Helligkeit in Räume zu bringen, die zu wenig natürliches Licht haben.

Dank der reflektierenden Sonnenstrahlen auf dem polierten Fußboden und der unebenen Kanten des Tisches wurde diesem Ensemble aus hellen Dielen, hölzernen Fensterrahmen und langem Holztisch der Eindruck von Kühle genommen.

Dieser Sessel (oben) **wurde aus einem uralten Baumstumpf geschnitzt und schmiegt sich perfekt in die Rundung des Geländers. So ist er nun ein idealer Platz, um sich für stille Momente zurückzuziehen.**

Diese Schränke wurden aus Holzplanken geschreinert (links)**, die durch ihr Alter und ihre Knorrigkeit so interessant anzuschauen sind, dass sie durchaus die Wand bis zur Decke ausfüllen dürfen.**

Die walnussfarbenen hellen Armlehnen aus Bugholz, die diesen schmetterlingsartig geformten Stuhl zu umarmen scheinen, bilden einen guten Kontrast zu der dunkleren Sitzfläche und der Lehne. Sie verhindern auch, dass der ganze Stuhl zu unstabil erscheint (oben)**.**

BAUM DES LEBENS

In der Mythologie waren Bäume immer die Achse zwischen göttlicher und irdischer Energie. Daher wundert es nicht, dass Holz das Schlüsselelement ist in Räumen, die nach spirituellen Gesichtspunkten gestaltet werden – unterstützt es doch das Gefühl von Stabilität und Komfort durch seine Ausstrahlung von edler Strenge. Ist Holz noch jung und grün, dann symbolisiert es Energie und Wachstum; ist es dann älter und abgelagert, wird es mit Weisheit und Spiritualität in Verbindung gebracht, und man fühlt sich an die Überlieferung erinnert, dass jeder Baum eine eigene Seele hat. Es gibt viele Hölzer auf dem Markt, jedes mit seiner eigenen Farbe, seinem Geruch, seiner Maserung und seiner individuellen Oberfläche. Unterschiedliche Hölzer rufen unterschiedliche Stimmungen hervor: Wenn Sie eine ruhige Stimmung erzeugen wollen, dann nehmen Sie blasses, Licht reflektierendes Treibholz oder goldgelbe Kiefer. Eine heimelige Umgebung wird am ehesten erreicht mit farbigen Hölzern, die Wärme und Sicherheit verströmen; während ganz dunkles Holz, wie das von alter Eiche oder schimmerndem Ebenholz, Gefühle von Intimität und Abgeschiedenheit versprechen.

In den Fußboden eingelassene Kieselsteine sind eine unorthodoxe Alternative zu gewöhnlichen Kacheln (unten)**. Sie beschwören die Erinnerung an einen windigen Strandlauf hervor, während andererseits die Bambusverkleidung an der Wand uns nach Fernost versetzt. Diese ungewöhnliche Kombination ist eine erfrischende Variante des Versuchs, die Natur ins Haus zu bringen.**

Dieses friedlich spartanisch eingerichtete Bad mit seinem grauen Dielenboden bekommt durch den blau-cremig gestreiften, flach gewebten Läufer aus Baumwolle eine neue, lebendige Note.

Holzdielen versprechen unendliche Möglichkeiten, Dinge auszustellen, und sind die perfekte Basis, um unterschiedliche Strukturen zu vereinen (unten)**. Hier die kleine Brücke aus Abacastoff (gewonnen aus den Fasern der Blätter einer bananenähnlichen tropischen Pflanze) mit einem Rand aus gewalkter Wolle.**

Der weiße Steinfußboden mit dem sparsamen Streifendekor aus eingelassenen Kieseln ist eine ideale Basis für das minimalistisch eingerichtete Schlafzimmer mit exotischem Flair (rechte Seite).

DEN BESTEN BODEN UNTER DEN FÜSSEN HABEN

Dank ihrer ruhigen Geradheit sind Holzbretter wunderbar geeignet, Spiritualität in den Raum zu bringen – und das Beste ist, sie können auf unterschiedliche Weise angebracht werden und so ganz verschiedene Stile zum Ausdruck bringen. Benutzen Sie Bretter für den Boden, die Wände und die Decke, und Sie geben dem Raum das Aussehen einer Holzhütte. Dunkle Holzborde in einem engen Raum können Sie weiß kalken. Das öffnet ihn optisch und lässt das Licht reflektieren. Die gleichmäßigen Linien eines Holzfußbodens passen auch wunderbar mit Holzmöbeln zusammen, die eine völlig andere Maserung haben. Der Zusammenklang unterschiedlicher Oberflächen vermittelt den Eindruck von natürlicher Spontaneität.

Falls es nicht möglich ist, Holzdielen für den Fußboden zu nehmen, dann versuchen Sie, gepressten Bambus zu verlegen. Nicht nur, dass dieses Holz hart und langlebig ist, es ist auch Wasser abweisend und sieht sehr ästhetisch aus. Andere »grüne« Alternativen sind Kork, der ebenfalls was-

STEIN VERKÖRPERT STRENGE, SOLIDITÄT UND STABILITÄT

Verschiedene Steine miteinander zu kombinieren ist eine großartige Möglichkeit, zu zeigen, wie viele Variationen es gibt (ganz links). **Hier wurde eine sanfte Symphonie von Farbe, Form und Oberfläche geschaffen durch die Kombination von hartem Schiefer mit weichem Sandstein, zusammen mit einigen vom Wasser geformten Flusssteinen.**

Wenn Sie sich einen Naturstein-Fußboden leisten können, dann wählen Sie die größten Platten (links)**, die es gibt; so schaffen Sie ein Gefühl von Gelassenheit und Großzügigkeit.**

serdicht ist und zudem preiswert, oder harter wollener Filz, der den Vorzug hat, sehr gut Geräusche zu dämpfen.

Durch das neu erwachte Interesse an natürlichem Material wurde die älteste Methode, einen Fußboden zu schaffen, wieder belebt – der Teppichboden. Diese faserigen Beläge gibt es aus Jute, Sisal, Kokosfasern und Seegras. Sie sind sehr gut geeignet und erfüllen auch die Forderungen des Zen: natürliches Material, erdige Farben und Ausgewogenheit von Form und Funktion.

UNVERGÄNGLICHE STEINE

Es überrascht nicht, dass Steine auf uns eine Ausstrahlung von Unwandelbarkeit haben – verbinden wir mit ihnen doch gedanklich immer Bauten wie Kathedralen, Tempel und Altäre. Aus demselben Grund, nämlich ihrer Qualität von Unvergänglichkeit und Tradition, spielen Steine eine fundamentale Rolle bei der Gestaltung moderner Wohnräume. Die gängige Vorstellung von Stein – kühl, blass und glatt – wird widerlegt von der unendlichen Vielzahl von Farben, Formen und Oberflächen. Mit der Fähigkeit, mal frisch und einladend, mal warm und erdig zu wirken, gibt es eine Vielzahl von Möglichkeiten, Steine für den Fußboden zu verwenden – es hängt von Ihren finanziellen Möglichkeiten ab. Der wohlhabende, spirituell ausgerichtete Hausbesitzer zum Beispiel wird erwägen, seine Eingangshalle, sein Wohnzimmer oder sein Bad mit großen Steinplatten zu belegen. Die weniger teuren Varianten wären, Kiesel im Küchenfußboden einzulassen, ein Waschbecken aus Kalkstein im Bad oder Terrazzo-

Die Teakholzliege (diese Seite) **mit ihren weichen, natürlichen Kurven und der silbrig schimmernden Maserung bekommt ihre Stabilität von den Füßen aus dicken Ästen.**

Durch das Beieinander von kontrastreichen natürlichen Strukturen schaffen Sie sich ohne großen Aufwand einen Himmel für taktile sinnliche Freuden. Der Teppich aus geschorenem Schaffell schmeichelt den unfertig wirkenden, grob geschnitzten Füßen der Liege (unten).

Die Kombination aus einem alten angestrichenen Holztisch mit geflochtenen Platzdecken und einer weich gerundeten, glatten Schale schafft eine ruhige, ausgeglichene Stimmung – perfekt für eine entspannte Mahlzeit.

Kacheln in der Toilette. Schon ein Gefäß aus Terrakotta oder eine Vase, gefüllt mit Kieseln, hilft, Ihren Raum mit der mystischen Kraft uralter Steine zu durchdringen.

NATÜRLICHE STOFFE SCHMEICHELN DEN SINNEN

Anpassungsfähig und attraktiv – Struktur und Konsistenz von Stoffen aus natürlichem Material kann von synthetischem praktisch nicht imitiert werden. Leinen, Baumwolle und Wolle können auf vielerlei Weise gewebt und gestrickt werden – von rau und grob bis zu durchschimmernd fein und fließend. Diese Vielseitigkeit der Textilien bringt die Harmonie der Natur in unser Heim – suggeriert uns Wärme im Winter und Kühle im Sommer.

Außerdem sind die meisten natürlichen Stoffe fähig, viele Jahre des Gebrauchs zu überstehen, häufig werden sie mit den Jahren immer schöner. Alte Leinenlaken, die mit der Zeit weicher geworden sind, fühlen sich viel besser an als neue, steife; und die leicht silbrige Patina einer alten Seidendecke erinnert uns an vergangene Zei-

Mit Kissen in unterschiedlichen Farben, Mustern und Strukturen (ganz links) **bringen Sie Schwung in eine eher spartanische Umgebung. Hier verbreiten der in sich gemusterte Wollstoff und das Fischgrät-Tweed einen eher rustikalen Look. Als Kontrast: Die durchscheinend weiche Mohairdecke** (links) **verleiht einem spartanisch gestalteten Raum den Hauch von Luxus.**

Ähnliche Strukturen zu kombinieren kann sehr wirkungsvoll sein (unten)**. Auf dem Teppichboden stehen zwei Hocker. Ihre Polster aus ähnlichem Material geben dem Ganzen die Geschlossenheit.**

ten. Echtheit und Qualität, das sind die Schlüssel bei der Auswahl von Möbelstoffen: Wählen Sie den leichtesten Kaschmir, die beste Baumwolle und die geschmeidigste Seide, um Ihren Sinnen zu schmeicheln.

GEGENSÄTZE ZIEHEN SICH AN

Eine der einfachsten Möglichkeiten, reizvolle Kontraste zu erreichen, ist, dem Gesetz der Gegensätzlichkeit zu folgen – eine effektive Methode, die besonders gut anzuwenden ist, wenn die Räume in Ihrem Haus von einem Farbton bestimmt werden.

Hart und weich:

Polierte Kieselsteine in einem Sisalkorb.
Ein schmiedeeisernes Bett mit einer Schafwolldecke.
Ein Glasbehälter, bepflanzt mit fedrigem Farn.

Rau und glatt:

Kokosfaserteppich mit seidenen Bodenkissen.
Ein unbehandeltes Holzbord mit Glasbechern.
Ein Wäschekorb aus geflochtener Weide auf Marmorboden.

Mit den sich ergänzenden horizontalen und vertikalen Linien verbinden sich die Dekorationen dieses Raumes zu einem anmutig ausbalancierten Ganzen, das so wirkt, als wäre es unbeabsichtigt entstanden (diese Seite)**. Die fließenden Linien des Holzfußbodens bekommen ihr Echo in den horizontalen Linien des ledernen Stuhlbezugs, während die oberen Bretter des eingebauten Wandregals mit flachen Schalen dekoriert wurden. Als Balance dazu wurden auf die unteren Regalbretter hohe Vasen gestellt, und eine üppige exotische Halskette hängt wie zufällig über der Türkante des Alkovens.**

Warm und kalt:
Lederpolster auf Metallstuhl.
Schaffellbrücke auf Steinfußboden.
Ein üppiges Bildmotiv mit Stahlrahmen.
Gerade und geschwungen:
Ein gerader Raum mit einer Wendeltreppe.
Eine rechteckige Vase mit gekrümmten Weidenzweigen.
Ein quadratischer Tisch mit einer runden Lampe.
Luxuriös und streng:
Ein Kissen aus Rohseide auf einer Steinbank.
Eine geschwungene Vase auf einem Betonsockel.
Eine Mohairdecke auf einem Sofa mit gerader Rückenlehne.
Gemustert und glatt:
Handtücher mit Waffelmuster in der gläsernen Duschkabine.
Offene Backsteinwände mit lackierten Regalen.
Ein Bouclé-Sofa mit Nubuk-Kissen.

ZU BEOBACHTEN, WIE EINE KNOSPE EINE BLÜTE ENTHÜLLT ODER EIN NEUES BLATT SICH ENTFALTET, HÄLT UNS MIT DEM KREISLAUF DER NATUR IN VERBINDUNG

LEBENSSPENDENDE BLUMEN

Trendforscher glauben, dass in Zukunft jeder, der keinen Zugang zu einem Garten hat, sich einen Raum in der Wohnung für lebende Pflanzen reservieren wird, einfach aus dem dringenden Wunsch, die Verbindung mit der Natur aufrecht zu halten. Ob diese Vision des »grünen Zimmers« jemals greift, ist völlig irrelevant für das spirituell gestaltete Zuhause.

Einer der Gründe dafür ist, im Sinne des Zen, dass Pflanzen das Element Holz repräsentieren.

Blumen bieten die schönste und subtilste Möglichkeit, Düfte in das Haus zu bringen. Füllen Sie die Räume mit süß duftenden Rosen, Narzissen, Freesien und Hyazinthen, oder pflanzen Sie duftende Sträucher wie Jasmin oder Geißblatt nahe beim Fenster – so weht das Aroma durch den Raum. Kräuter sind auch wunderbar aromatisch: Bergamotte, Lavendel, Pfefferminze, Salbei und Thymian verströmen die schönsten Gerüche. Sie wachsen in Töpfen auf der Fensterbank und auch im Raum.

Die medizinische Wirksamkeit von Pflanzen ist gut dokumentiert: Nutzen Sie Kräuter, um sich Ihr eigenes einfaches Tonikum herzustellen – etwa einen Kräutertee. Blattpflanzen reinigen die Luft, sie ziehen Stickstoff ein und geben Sauerstoff ab. Sie geben auch Feuchtigkeit ab und verhindern, dass die Raumluft zu trocken wird. Außerdem ist bewiesen, dass bestimmte Pflanzen sowohl die schädlichen Strahlen von Computern und Druckern filtern können als auch Luftverschmutzung, wie zum Beispiel von Zigarettenrauch. Die besten Pflanzen zur Luftreinigung sind: Gerbera, Orchideen, Tulpen, Alpenveilchen, Chrysanthemen, Lilien, Palmen, Grünlilie, Bambus und Gummibäume.

Ob Sie nun Rosenfanatiker, Kräuterzüchter oder leidenschaftlicher Gärtner sind, Blumen und Blattpflanzen sind lebenswichtig für ein harmonisches Heim. Sie erfüllen viele Kriterien, um den Wohlfühl-Faktor in Ihrem Lebensraum zu steigern. Blumen sind nicht nur schön anzuschauen – mit ihrem Duft verströmen sie ganz subtil angenehme Gerüche im Raum. Die Anwesenheit von Blattpflanzen verspricht Energie und Optimismus, weil sie sehr effektiv die Luft reinigen. Sie saugen Stickstoff auf und geben Sauerstoff ab.

»Schönheit kommt von Gedanken und Sensibilität, eher als von materiellem Reichtum.«

Claudio Silverstrin (1954–)

TEIL ZWEI

Der Raum

Die einzigartige Gestaltung dieses Raumes ergibt sich aus der Kombination von ungewöhnlichen Proportionen und der Zusammenstellung von wettergegerbtem Holz, ausgeblichenen Backsteinen und erdigen Tönen. Außerdem verwandeln die großzügig drapierten Kissen die Treppe aus kühlem Schiefer in einen Bereich, der zum totalen Relaxen einlädt, was durch den niedrigen Couchtisch noch unterstrichen wird.

Wohnen

Es ist wichtig, im Aufenthaltsraum gute Relationen zu schaffen: sowohl ruhig und nicht überladen als auch gemütlich und einladend.

Dieses ist der größte Raum im Haus, und darum ist Ihr Wohnzimmer sicher der Ort für soziale Aktivitäten – ein Platz, an dem Familie und Freunde zusammensitzen, um Neuigkeiten, Gerüchte und Ideen auszutauschen. Die andere Facette des Wohnzimmers ist seine Funktion als »stiller Raum«. Dies ist vor allem die »Entspannungszone«, ein Platz, um Musik zu hören, Filme anzusehen, zu telefonieren oder einfach über Ihr Leben nachzusinnen.

Die wichtigste Funktion der Einrichtung, die Sie für Ihr Wohnzimmer wählen, sollte – wie in den anderen Räumen auch – sein, eine Atmosphäre von heiterer Gelassenheit zu schaffen. Am besten erreichen Sie dies, indem Sie sich mit Farben und Strukturen umgeben, mit denen Sie sich wohl fühlen und die entspannend auf Sie wirken. Außerdem sollten Sie sich für Designs entscheiden, in denen sich bequem leben lässt, und versuchen Sie auch, die Balance zu halten zwischen Form und Funktion, da dieser Raum – natürlicherweise – sicher von allen Räumen im Haus am meisten benutzt wird.

ZURÜCKLEHNEN UND ENTSPANNEN

Damit Gedanken und Gefühle frei fließen können, sollten Sie viel freien Raum in Ihrem Wohnzimmer lassen, so dass Sie sich dort einfach fallen lassen und entspannen können. Eine der besten Möglichkeiten, um eine großzügige Atmosphäre zu

Dank des streng symmetrischen Arrangements in diesem Raum passen die schweren fernöstlichen Möbel sehr harmonisch mit den traditionellen europäischen zusammen. Das rot-cremige Farbschema, das sich auch an den Wänden fortsetzt, hält das Ganze zusammen, während die unterschiedliche Größe der beiden Gefäße die einzige beabsichtigte kleine Irritation für die Augen bedeutet.

schaffen, ist, einen Fußboden aus natürlichem Material zu legen. Ob Sie sich für Kokosfaser-Teppichboden oder Steinfliesen entscheiden – ein Boden aus organischem Material bringt Sie dem Gefühl, »geerdet« zu sein, ein großes Stück näher. Wenn es um die spirituelle Qualität geht, dann sind Holzdielen ideal, strahlt ihr lineares Bild doch sowohl Ruhe als auch Geschlossenheit aus. Falls Sie nicht das Glück haben, bereits Holzdielen in Ihrem Zuhause vorzufinden, dann erwägen Sie doch, in gebrauchte Bretter zu investieren, oder wählen Sie als preiswertere Variante Laminatboden. Die vielseitige Auswahl – in Farben, Textur, Maserung und Oberfläche – erlaubt, dass man Holz den unterschiedlichsten Stilen anpassen kann. Gestreifte und polierte Bretter zum Beispiel strahlen eine rustikale Atmosphäre aus; weiß gekalkte rufen ein leichtes, romantisches Gefühl hervor; schwarz gestrichene geben dem Raum ein Ambiente von Sicherheit und Intimität; während glattes Parkett oder Buchenholzboden neutral und zeitgenössisch sind.

EIN GROSSES SOFA SPIELT DIE SCHLÜSSELROLLE BEI DER GESTALTUNG DES WOHNZIMMERS.

Auch wenn das Dekor dieses gemütlichen Platzes für unsere Vorstellung bereits in Richtung Minimalismus gehen mag (diese Seite)**, so ist es doch weit entfernt von den spartanischen Prinzipien des Zen: Stoffe und Verarbeitung sind besonders luxuriös und laden zum Genießen ein, und die Kombination mit der wie unbeabsichtigt übergeworfenen Kaschmirdecke schafft einen reizvollen Kontrast zwischen den unterschiedlichen Textilien.**

Wenn Sie für Ihre »gemütliche Ecke« Stoffe und Farben auswählen, die einander harmonisch ergänzen, dann steigern Sie den Erholungswert ganz immens (nächste Seite)**. Eine neutrale Farbpalette von warmen Schattierungen und sanft geschwungenen Möbeln – beeindruckend in ihrer Ausgewogenheit von Form und Funktion – und als ästhetischer Blickfang einige Dekorationsstücke, die das Gesamtbild abrunden. So wurde ein optimaler Platz zum »Relaxen« geschaffen.**

BEISPIELE FÜR KONSEQUENTEN WOHNSTIL

Sehr wahrscheinlich stehen in Ihrem Wohnzimmer mehr Möbel als in den anderen Räumen; umso wichtiger ist es, die Zusammenstellung sehr sorgfältig zu planen. Natürlich müssen als Erstes die Proportionen des Raumes beachtet werden – ein riesiger Loft verträgt mehrere große Einzelstücke, ohne überladen zu wirken. Auf jeden Fall sollte eine Harmonie von Stil, Farben und Stoffen geschaffen werden. Die kann leicht erreicht werden durch die Kombination von harten Linien mit weichen Rundungen, blassen und leuchtenden Farbschattierungen und sanften und rauen Oberflächen. Auf diese Weise schaffen Sie eine ästhetische Balance zwischen Yin und Yang, was wiederum die Energien frei im Raum fließen lässt.

Der elegante Stil von Sofas, Stühlen und Tisch gibt dieser Loftwohnung (linke Seite) **ein Flair von Helle und Leichtigkeit, während die blau-weiße Farbkombination das ganze Ensemble harmonisch miteinander verbindet.**
Der Lieblingssessel, aufgepolstert mit luxuriösem Stoff, wie hier himbeerroter Samt, steigert die Gemütlichkeit (ganz links)**. Fügen Sie noch ein Glas, gefüllt mit einem üppigen Blumenstrauß** (links)**, hinzu, und Ihr sinnliches Vergnügen wird komplett sein!**
Obwohl Grün und Rot Komplementärfarben sind, kann die Kombination doch »schreiend« für das Auge wirken, wenn sie auch noch die dominierende Farbkombination im Raum bilden. Trotzdem wirkt das weiche Rosa (oben) **auf Jadegrün hier einladend und erholsam.**

WARME HONIGFARBEN GELEITEN UNS IN GEFÜHLE VON BEHAGLICHKEIT UND GASTLICHKEIT

BESCHRÄNKEN SIE SICH AUF NEUTRALE FARBEN

Der Schlüssel dazu, ein spirituelles Farbschema zu kreieren, ist, eine Farbe oder eine Farbpalette zu finden, in der Sie sich wohl fühlen, und dann mit dieser Basis zu arbeiten. Alle blassen Schattierungen – solange sie klar und Ton in Ton gehalten sind – versprechen einen wohltuenden Hintergrund. Darum sind für das Wohnzimmer neutrale Farbtöne oft die erste Wahl.

Solange Ihre Stühle und Tische in einem ähnlichen Farbton gehalten sind, können Sie verschiedene Stile kombinieren und mischen; die Kombination von modernen und altmodischen Designs vermittelt trotzdem den Eindruck von Geschlossenheit. Eine neutrale Farbpalette erlaubt außerdem, fast jede andere Farbe dazuzugeben; sie kontrastiert besonders gut mit Weiß, Creme, Violett und jeder Blauschattierung – von Indigo bis Türkis und Aquamarin bis Aubergine.

Die warmen weißen und honigfarbenen Töne des Wohnraumes erlauben eine großzügige Mixtur aus unterschiedlichen Designs und fügen sich doch zu einem harmonischen Ganzen (linke Seite): **Die traditionellen Fensterläden kontrastieren mit dem runden 60er-Jahre-TV und dem 50er-Jahre-Sessel aus Metall und Seilen. Durch das üppige Schaffell auf dem Sessel bekommt das eigentlich spartanisch anmutende Ensemble dennoch eine gewisse Weichheit.**

Auf der Basis einer neutralen Farbpalette kann man praktisch mit allen Farben spielen. Das Zitronengelb des schön geschwungenen Sofas (diese Seite) **ist ein perfektes Beispiel – steigert es doch noch den sonnigen Eindruck dieses hellen und heiteren Wohnraumes.**

MÖBEL MIT SORGFALT UND GEDULD AUSWÄHLEN

Ihr Wohnzimmersofa wird eines der meistbenutzten Möbel in Ihrer Wohnung werden; und da Sie im Laufe der Zeit viele, viele Stunden darauf »herumlungern«, ist es besonders wichtig, bei der Auswahl gründlich und ausdauernd vorzugehen. Wenn Sie eins finden, das Ihnen vom Aussehen her gefällt, dann denken Sie daran, sich für mindestens fünf Minuten draufzusetzen, um die Qualität zu testen. Sollten Sie spüren, dass die Sprungfedern oder der Rahmen sich durchdrücken, dann vergessen Sie es sofort, und setzen Sie Ihre Suche fort. Probesitzen ist vor allem wichtig, um herauszufinden, ob das Sofa die Wirbelsäule unterstützt – nach einem harten Arbeitstag einfach die Schuhe von den Füßen zu kicken und in weichen Polstern zu versinken mag sich herrlich anfühlen – aber ein zu weiches Sofa kann auf Dauer Rückenprobleme bescheren.

Durch die Ergänzung mit luxuriösen Details bieten komfortable Sofas und Sessel sehr schöne Möglichkeiten, der ganzen Einrichtung einen gewissen Hauch von Überfluss und Dekadenz zu verleihen. Beziehen Sie Ihr Sofa zum Beispiel mit plüschigem Samt, um ein ein-

Ob Sie nun nach einem riesigen weichen Sofa, einem üppigen Sessel oder einer eleganten Liege (oben) **suchen, es erfordert Zeit und Aufwand, ein Stück zu finden, das sowohl gut aussieht als auch keine Zugeständnisse im Sitzkomfort fordert.**

Das schlichte, elegante Sofa und die großzügig gestalteten Rattansessel erlauben den Bewohnern dieses hellen Wohnzimmers (rechts)**, sich sowohl bequem zu lagern als auch komfortabel zu sitzen.**

Auch wenn die Stile von Sofa und Sessel völlig unterschiedlich sind (ganz links), **die karierten Bezüge in verschiedenen Grüntönen stellen eine harmonische Beziehung her.**

Sie müssen sich nicht für eine blasse Farbpalette entscheiden, um einen harmonischen Stil zu schaffen. Kräftige, mit der Zeit ausgeblichene Farben (unten) **sind genauso wirkungsvoll und erlauben auch noch einen Mix von Mustern hinzuzufügen, ohne dass es übertrieben wirkt.**

EINE HARMONISCHE FARBPALETTE ERLAUBT DIE MISCHUNG VERSCHIEDENER STILE UND DIE ERGÄNZUNG MIT MUSTERN

ladend genüssliches Gefühl zu erzeugen, oder »bestreuen« Sie eine Couch mit vielen Kissen, bezogen mit superweichem Kaschmir, und schaffen Sie so einen Hort von unwiderstehlichem Komfort. Postermöbel bieten eine ideale Möglichkeit, das stilistische Grundthema in Ihrer Wohnung mit Mustern und Farben punktuell aufzulockern. Bezugs-stoff in fröhlichem Karomuster strahlt Lebendigkeit und Wärme aus und ist ein Anziehungspunkt inmitten eines insgesamt ruhig gehaltenen Gestaltungsstils. Wenn Sie Sitzmöbel ganz unterschiedlicher Stile im Wohnzimmer haben, können die Stoffbezüge eine Verbindung herstellen – wenn Sie sich an ein Farbschema oder einen Typ von Mustern halten. Sie vermeiden so auch den überladenen Eindruck, den Sitzgruppen oft ausstrahlen.

Die sanft geschwungene Rückseite des Sofas aus Korbweide (linke Seite) **und die strengen Linien der dicken Holzpaneele bilden einen – sich auf reizvolle Weise ergänzenden – Kontrast. Das gesamte Arrangement erhält seine sanfte Note durch die Kombination der entspannenden Farben Blassblau und Seegrün. Ein einfacher Bund Lavendel oder Flieder** (oben rechts) **aus dem Garten schafft nicht nur einen optischen Ruhepunkt, sondern erfüllt den Raum auch mit wundervollem Duft.**

Ein im Grunde kühler Raum mit weißer Holzverkleidung und rohen Backsteinen (links) bekommt Leben durch die flackernden Flammen des Feuers; sie lassen das Dekor weicher erscheinen und geben ihm einen einladenden Schimmer.

Das Feuerthema fortsetzend, ist hier der Sims aus Schiefer (rechte Seite) übersät mit Kerzen von unterschiedlicher Form und Größe. Das bringt nicht nur das monochrome Design zur Geltung, sondern schafft auch einen weiteren interessanten Blickfang.

MUNTER HÜPFENDE FLAMMEN ERFÜLLEN DEN MINIMALISTISCH GESTALTETEN RAUM MIT WÄRME, LICHT UND ENERGIE

LEBENDIGES KAMINFEUER

Kaum etwas anderes verschönert die Atmosphäre im Raum so sehr wie ein flackerndes Kaminfeuer – außerdem bringt es Wärme und schafft einen beruhigend-meditativen Blickfang. Ein Holzfeuer ist außerdem herrlich aromatisch! Obwohl das unverwechselbare Aroma von brennendem Holz allein schon beruhigend und therapeutisch wirkt, so kann das noch auf vielerlei Weise gesteigert werden. Geben Sie zum Beispiel für eine erfrischende Duftnote eine Hand voll Kiefernzapfen oder ein Bündel getrockneter Kräuter dazu. Oder reiben Sie ätherische Öle mit hölzernen Duftnoten auf die Scheite, um so Ihrem Raum das Aroma von Zeder, Zypresse, Sandelholz oder Rosenholz zu geben.

Falls Ihr Wohnraum keinen Kamin hat oder Sie in der Großstadt leben, wo es verboten ist, offenes Feuer zu entzünden, dann sollten Sie erwägen, sich eine Version mit Gas zu installieren. Dieses Feuer spendet zwar keine Wärme, sein lebendiger Effekt ist aber doch sehr wirkungsvoll.

Auch wenn Ihr Feuerplatz nicht in Gebrauch ist, können Sie damit doch einen Blickfang schaffen. Ersetzen Sie die flackernden Flammen durch ein Stillleben aus natürlichen Objekten: Vasen voller Blumen, dicke Kerzen oder eine Sammlung von Weidenkörben. Sie sehen alle fantastisch aus – so umrahmt von der Kamineinfassung.

Holzscheite, wie unabsichtlich neben dem Kamin fallen gelassen (unten), schaffen ein behaglich rustikales Gefühl – im Kontrast zu dem eleganten antiken Spiegel und der kunstvollen Stuckarbeit. Bündel von Rosmarin und Lavendel liegen bereit, um ins Feuer geworfen zu werden für eine schnelle Aromatherapie.

Einfache Griffe, kombiniert mit rauem Anstrich (rechts), stehen für die schlichte Linie.

Folkloristische Keramik, gescheuertes Holz, frei stehende Möbel und Weidenkörbe, gefüllt mit Obst, das schafft eine heitere Atmosphäre in dieser rustikal gestalteten Küche (rechte Seite). Vervollständigen Sie diesen Stil mit Terrakotta und gekalkten Holzdielen und nehmen Sie offene hölzerne Tellergestelle für das Geschirr, so entsteht ein sanftes Gefühl für Gesetz und Ordnung.

Essen

Essen im Kreis von Familie und Freunden ist einer der schnellsten Wege zur Entspannung. Der Stress wird abgebaut, und der Geist kann sich erholen.

Die Auswirkung von Nahrung auf unsere geistige Gesundheit ist schon auf mannigfaltige Weise festgestellt worden. Mit der richtigen Diät können wir unser Optimum an Leistung erreichen, während die Anreicherung jeder schmackhaften Mahlzeit mit rohen Zutaten uns kreative Impulse gibt.

Für die Gestaltung eines harmonischen Essplatzes gibt es keine strikten und schnellen Regeln. Das heißt, die derzeitige Mode, Koch- und Essplatz miteinander zu kombinieren, passt besonders gut in ein behagliches Zuhause, einfach weil es ein Fest für die Sinne ist: Delikate Aromen und optische Freuden steigern den Appetit, während der offene Raum ein homogenes Gefühl verspricht, welches Körper, Geist und Seele zusammenhält. Solange Ihr Ess- und Kochraum warm ist und frei gehalten wird von wirrem Durcheinander, können Sie sich dort auch in zwei verschiedenen Stilen wohl fühlen. Wenn Sie der sachliche Typ sind, dann ist der minimalistisch klare Stil der beste. Sind Sie eher erdverbunden und entspannter, dann passt der modern-rustikale Look besser zu Ihnen.

RUSTIKALER STIL

Der rustikale Essplatz geleitet uns in Gefühle von Wärme, Willkommen und selbst gekochte Mahlzeiten. Frei stehende Möbel werden maßgeschneiderten vorgezogen ebenso wie gekalkte Bodendielen und Terrakottafliesen so kühlen, harten Oberflächen wie Marmor und Stahl.

Das heißt, der modern-rustikale Stil wurde sehr reduziert und bezieht sich auf ein paar sorgfältig ausgewählte Stücke, die ganz spontan einen leicht schäbig-schicken Look hervorrufen sollen. Ein Holztisch, gehalten in warmen Tönen, verspricht einen beruhigenden Mittelpunkt in einer urigen Küche, während ein alter Spülstein und eine viktorianische Anrichte aus Kiefernholz, dekoriert mit Tellern, ein zeitloses Gefühl fördern. Der Gedanke dahinter ist, die zeitlose Schönheit antiker Möbel zu zelebrieren und so dem Koch- und Essbereich eine Atmosphäre von Authentizität und emotionaler Wärme zu geben. Der rusti-

Auch wenn die freundliche Küche sehr schlicht gehalten ist, so erlaubt sie doch offene Simse (ganz links) **die, gefüllt mit schimmernden Blechdosen und weißen Porzellanschüsseln, die überall vorherrschende Ausstrahlung von Ruhe und Effektivität noch steigern, statt sie zu stören.**

Der superschnittige Eindruck dieses Essplatzes in dem umgebauten Loft (Mitte) **wird gemildert durch eine Palette sanfter Farbtöne von Blau und Taubengrau. Der blasse Holzfußboden und die eleganten Eames-Stühle tragen auch dazu bei, die Härte der Betondecke zu mildern und einen Gesamteindruck zu schaffen, der effizient ist, ohne kalt zu wirken.**

Sich für eine bunte Palette strahlender Farben zu entscheiden, muss nicht automatisch einen schreienden Effekt hervorrufen. Stattdessen trennt hier die lineare Strukturiertheit der eingebauten Küchenschränke die Farbblöcke Gelb, Rosa und Grün.

kale Stil für den Koch- und Essplatz erlaubt eine große Palette von harmonisch aufeinander abgestimmten Farben. Die Töne Terrakotta, Sand, Lederfarben, Beige und blasses Braun unterstützen den erdigen Naturlook, während Himmelblau und Tannengrün frisch und aufmunternd wirken. Auch Muster lassen sich einfügen, ohne die Frische des Gesamtbildes zu stören. Auberginefarben gestrichene Wände vertragen zum Beispiel den Kontrast, indem Sie ein lebhaft gemustertes Tischtuch auflegen, oder stellen Sie um einen alten Kiefernholztisch Stühle, die mit leuchtend farbigem Baumwollstoff bezogen wurden.

PERSÖNLICHE UND WARME DETAILS

Der rustikale Look gewinnt noch durch liebevoll ausgewählte Accessoires. Um den natürlichen Countrylook zu beleben, fügen Sie doch Folgendes hinzu: Geschirrtücher aus Leinen, frische Wildblumen in einem schlichten Wasserglas, Weidenkörbe, gefüllt mit Kartoffeln und Äpfeln, altmodische Vorratsbüchsen, verbeulte metallene Teebüchsen, Brot und Mehlbehälter aus Emaille, dicke, bäuerliche Keramikschüsseln, eine bunte Lithographie und altmodische Sahnekännchen.

ZENSTIL

Wenn Ihnen der minimalistische Stil mehr zusagt, dann sollten Sie sich bei der Gestaltung Ihres Koch- und Essplatzes an die Regeln der Zen-Ästhetik halten. Sie legt großen Wert auf die Ausgewogenheit von Form und Funktion, um ein effizientes kulinarisches Ambiente zu schaffen. Das heißt, Hightech-Elemente werden harmonisch mit natürlichen kombiniert: Schubladen quietschen nicht, wenn man sie rauszieht, die Gasflamme brennt beim ersten Versuch, sie zu entzünden, und die Messer sind immer scharf.

Das funktioniert alles ganz selbstverständlich, ohne speziell auf den Zen-Stil hinzuweisen. Im Gegensatz

Ein perfektes Beispiel des Zen-Stils: An diesem Koch- und Essplatz (oben) **wurden Hightech und natürliche Elemente auf sehr ausbalancierte Weise miteinander kombiniert. Außerdem garantieren die deckenhohen Fenster, dass der Platz ständig überflutet wird von natürlichem Licht. Der geschwungene Arbeitsplatz verhindert zudem, dass der ganze Ort zu spartanisch wirkt.**

Einfache Glasbehälter (gegenüber links)**, gefüllt mit Zutaten des täglichen Gebrauchs, wie Teebeuteln und trockenen Ingredienzen, bezeugen, dass in dieser ästhetisch-stromlinienförmigen Küche auch gearbeitet wird.**

Schlichtes Geschirr (ganz rechts) **mit hölzernen Essstäbchen und Leinenservietten schafft einen natürlichen, ästhetischen Stil.**

Ob Sie sich nun für Keramik in Naturtönen entscheiden oder ganz weiße, schmucklose wählen (oben) – rustikales, handgemachtes Geschirr passt sehr gut sowohl zum Essplatz im Landhaus-Stil wie im Zen-Stil, denn es unterstreicht beide auf schnörkellose Weise.

zum rustikalen Stil herrschen hier glatte, schimmernde Oberflächen vor, während alle unattraktiven Gegenstände wie Geschirrspüler, Waschmaschine und Kühlschrank hinter geschmackvollen Fassaden verborgen werden. Oberflächenbehandlung ermöglicht die Kombination von härter wirkenden Fassaden wie Stahl, Chrom, Marmor und Granit mit weicheren Holztönen in warmen, hellen Färbungen – Buche, Ahorn und Kirschholz sind ideal.

Aus dem gleichen Grund werden die Farben für einen Koch-Ess-Platz im Zen-Stil so ausgesucht, dass sie die schroffen Formen und harten Kanten des praktischen modernen Küchendesigns mildern. Entscheiden Sie sich für eine Skala innerhalb von ein oder zwei Schattierungen, und wählen Sie unter ruhigen Cremetönen, sanften Blautönen und Abstufungen von freundlichen Grüntönen, um einen Effekt von heiterer Gelassenheit zu erreichen. Außerdem sollten natürliche Fußbodenoberflächen – Stein, Granit und Holz – frei gehalten werden von Teppichen. Muster sollten sich beschränken auf einzelne dekorative Keramiken.

Bei neutraler Farbgebung passen moderne Linien wunderbar zusammen mit natürlichem Material (links): Die vertikalen Fächer der hölzernen Anrichte finden ihr Echo in der modernen Kunst an der Wand, während die sanften Rundungen des urigen Geschirrs aufgegriffen werden von dem grafischen Muster in dem gewebten Läufer.

Der leicht abgenutzte Eindruck der Blechdosen (rechts) ist beabsichtigt, denn er unterstreicht den zeitlosen Charakter der rustikalen Küche.

EDLE SCHLICHTE DETAILS

Auch wenn es ein grundsätzlich sachlich minimalistisch gestalteter Platz ist, so lässt ein Koch-Ess-Platz im Zen-Stil doch nicht das Herz vermissen.

Eher noch wirkt das sachliche Dekor wie eine Bühne für schlichte kulinarische Details, die dem Ganzen eine alltägliche Arbeitsatmosphäre verleihen. Für einen unverfälschten Zen-Stil empfehlen wir luftdichte Einmachgläser für getrocknete Bohnen, Nüsse und Hülsenfrüchte; Einbauschränke mit dazugehörigen Tellerregalen für eine ruhige, geradlinige Ordnung und schlichte weiße Keramikware; glitzernde ungeschliffene Gläser; einfache runde Türknäufe – bemalt oder unbehandelt; schnörkellose Stühle; Holzschalen, gefüllt mit glänzenden Äpfeln, und klassisches Silberbesteck.

HARMONISCHE TISCHGESTALTUNG

Um die Einfachheit des spirituellen Stils zu bewahren, sollte der Essplatz einen schlichten, aber eleganten Tisch zum Mittelpunkt haben. Wählen Sie ein Design, das aus Holz oder Stein gestaltet wurde, und stellen Sie sicher, dass die Stühle aus dem gleichen Material sind oder mit dem Design korrespondieren, um ein Gefühl von Balance und Zusammengehörigkeit herzustellen. Was die Tisch-

DURCH BESCHRÄNKUNG AUF EINFACHE FORMEN UND NEUTRALE FARBEN IST ES MÖGLICH, MODERNES DESIGN MIT NATÜRLICHEN ELEMENTEN ZU MISCHEN

dekoration betrifft, so erreicht man das geschmackvollste Ambiente, wenn dabei das Essen die Hauptrolle spielt. Falls Ihr Essplatz von der minimalistischen Zen-Variante ist, dann kombinieren Sie doch mal knisterndes weißes Leinen mit einfarbig bezogenen Stühlen, um dem Essen so eine verlockend reine Plattform zu schaffen. Aus dem gleichen Grund sollte auch das »Werkzeug« schlicht sein: Edles Porzellan in Weiß oder Creme, einfache ungeschliffene Trinkgläser (eher als traditionelle Weingläser) und Besteck aus klarem Acryl schaffen einen kühlen, modernen Look.

Um an einem rustikalen Essplatz den Bezug zur Natur herzustellen, sollten Sie die Tischplatte entweder gar nicht bedecken oder eine Tischdecke aus rauem Sackleinen auflegen. Alternativ legen Sie unter jeden Teller eine Platzdecke aus Bast, Bambus oder Kork; statten Sie den Tisch auch noch aus mit übergroßen Holztabletts, grober Töpferware im bäuerlichen Stil, Besteck mit Bambusgriffen und schweren Kerzenhaltern aus Stein. Aus dem gleichen Grund ist kleinteiliger Schnickschnack wie Serviettenringe absolut verboten; stattdessen falten Sie die Servietten einmal oder binden sie mit einem Bastband zu einer Rolle, was gleichermaßen ästhetisch wie praktisch ist.

Der feine Kontrast zwischen Mustern, Strukturen und Format ist ein anderer wesentlicher Gesichtspunkt bei der Gestaltung des Esstisches. Steigern Sie zum Beispiel das Interesse für einen rein

Die konsequente Schlichtheit dieser Ton in Ton gehaltenen Tischgestaltung hat nicht nur optisch einen dramatischen Effekt, sie erlaubt auch, sich voll dem Vergnügen von Essen und Trinken zu widmen, ohne unnötige Belastung durch Reihen von Besteck und Stapel von Geschirr.

Der Mittelpunkt Ihrer Essregion sollte ein schlichter, aber eleganter Tisch sein (diese Seite). **Entscheiden Sie sich für ein Design aus Holz oder Stein, das schafft einen kraftvollen Eindruck; umgeben Sie ihn mit Stühlen, die ebenso schlicht wie bequem sind, so dass Ihre Gäste gern beim Essen verweilen.**

Mit Mustern und Strukturen können Sie den Tisch interessanter gestalten: Der Mix von antiken gläsernen Bechern und Pokalen (unten) **wird ausgeglichen durch das eingewebte Muster der Tischdecke aus Damast, während unterschiedlich gemusterte Servietten** (unten) **ihren Zusammenhalt durch die Ton-in-Ton-Färbung bekommen.**

Eine der einfachsten und wirkungsvollsten Methoden, eine entspannte Atmosphäre im Essraum zu schaffen, ist, sich für Tisch und Stühle im selben Design zu entscheiden (rechts). **Sogar bei einem ausgefallenen Möbelstil bleibt das Gefühl von Zusammenhang bestehen.**

weißen Tisch noch durch eine kunstvoll gewobene weiße Damasttischdecke und – als Highlight – stellen Sie durchsichtige Glasteller darauf. Alternativ decken Sie den Tisch mit einer grob gewebten Tischdecke und schimmernd glatt polierten Holzbechern – auch das erzeugt einen leichten Kontrast; ebenso können Sie einer Tischdekoration, die im Prinzip leicht und luftig wirkt, als Gegensatz dicke Kerzenblöcke hinzufügen. Sie haben auch die Möglichkeit, verschiedene Muster zu mischen, ohne einen überladenen Eindruck zu schaffen, wenn Sie sich dabei auf zwei Farbtöne mit ihren Schattierungen beschränken. Auch wenn die Tischfläche einfach gehalten sein soll, so spielen dekorative Details doch eine große Rolle: Ein Ring von Blumentöpfen mit Orchideen, hingestreute Blütenblätter oder ein ganzes Bündel von Votivkerzen – all das

schafft eine verträumte Stimmung, während eine Schale mit ganz unterschiedlich geformtem Obst und Gemüse (etwa weißer Flaschenkürbis, Artischocken und Quitten) fast wie eine Skulptur wirkt.

SÄTTIGE DEN KÖRPER, NÄHRE DIE SEELE

In Anbetracht des erinnerungsträchtigen Effektes von Aromen und Geschmäckern auf die Psyche ist es sehr wichtig für die häusliche Atmosphäre, was wir kochen. Gerüche, wie frisch gerösteter Kaffee, ofenfrisches Brot, oder das klebrige Aroma von Karamell rufen lebhafte Erinnerungen hervor – etwa Ferien im Süden oder in der Kindheit ein Besuch auf dem Rummelplatz. Außerdem hat das süße Aroma von Schokolade einen ganz speziellen wirkungsvollen Effekt: Es hebt den Serotoninspiegel (das Glückshormon) im Gehirn an, noch bevor die Schokolade den Verdauungstrakt erreicht. Die spirituelle Küche ist kein Platz der Abstinenz – also lassen Sie es sich schmecken!

Ein komplett weißes Schlafzimmer (links), **ausgestattet mit einer riesigen Fensterfront und ausgesucht funktionalem Mobiliar, ist perfekt für Menschen, denen ihr Schlaf wichtig ist. Einige Highlights in neutralen Farben fügen das Ganze harmonisch zusammen.**

Halten Sie Ihr Schlafzimmer schlicht. Reduzieren Sie das Mobiliar auf das nackte Minimum; wählen Sie zusammengehörige Farben; und beziehen Sie offenen Raum, Licht und Strukturen ein, um sich Ihr sinnliches Paradies schaffen.

Schlafen

Die Zen-Philosophie sagt, dass wir uns einen ganz ruhigen Raum erhalten sollen, um den Geist zu klären. Das ist besonders passend, wenn es um das Schlafzimmer geht. Eingehend auf die geradezu geheiligte Atmosphäre, die dieser ganz private Raum fordert, werden Bequemlichkeit und Minimalismus so gemischt, dass die körperliche und die seelische Gesundheit gefördert werden.

In dieser Zeit der hoch stressigen Jobs und des hektischen Lebensstils ist Mangel an Schlaf ein drängendes Thema. Angesichts der ständig wachsenden Anforderungen des modernen Lebens bekommen viele von uns nicht die notwendige menge Schlaf, um Körper und Seele zusammenzuhalten. Beim Schlaf geht es allerdings nicht nur um die Quantität – es geht auch um die Qualität. Wenn unsere Schlafzimmer zu warm oder zu heiß sind, zu voll gestopft oder zu laut, wird unser Schlaf davon ernsthaft beeinträchtigt. Die Antwort lautet, die Dinge einfach zu halten und alles Überflüssige aus dem Raum zu entfernen. Das Bett selbst sollte eine Insel der Entspannung sein; also reduzieren Sie das andere Mobiliar entsprechend. Nichts sollte ablenken vom sinnlichen Vergnügen in diesem Raum – der behaglichsten Region in Ihrem Zuhause.

EIN PLATZ ZUM TRÄUMEN

Wenn Sie Ihr Schlafzimmer ausstatten, dann ist die Wahl des Bettes die wichtigste Entscheidung, die Sie zu treffen haben – nicht nur, weil ein guter Nachtschlaf uns hilft, uns wieder zu regenerieren. Die besondere Wichtigkeit, ein gemütliches »Nest« zu bauen, wird vor allem klar, wenn Sie bedenken, dass wir ein Drittel unseres Lebens zusammengerollt unter der Bettdecke verbringen. Die Anschaffung einer Matratze von sehr guter Qualität ist der wichtigste Schlüssel für einen optimalen Liegekomfort. Ob Sie sich für ein romantisches geschnitztes Bett, ein Himmelbett oder irgendein anderes, moderneres,

schlichteres Design entscheiden, Ihr Bett sollte groß genug – und luxuriös genug – sein, um darin ein ganzes Wochenende zu verbringen.

HIMMLISCHE FARBPALETTEN

Weiß ist die ideale Farbe für das Schlafzimmer, denn es nährt die Seele – repräsentiert es doch Reinheit und Frieden; dazu ist es auch noch kühl und zeitgemäß und strahlt außerdem eine heitere Klarheit aus, was der Entspannung sehr dienlich ist. Sich für ein weißes Schlafzimmer zu entscheiden bedeutet nun nicht, dass man in einem sachlich-mönchischen Würfel schlafen muss: Geben sie den Wänden einen warmen Schimmer, indem Sie Bilder in sanften Farben aufhängen, und mischen Sie Strukturen und Formen, um interessante Blick-

Weit entfernt davon, kühl zu wirken, schafft die Skala von klaren Blautönen im Schlafzimmer (oben und rechts) **die optimale Entspannung für die Augen. Die Holzteile in sanften Honigtönen und die Decke am Fußende bilden einen beruhigenden Gegensatz zu der Sammlung gleichartiger Bilder, die ganz willkürlich in die Nische hinter dem Kopfkissen gestellt wurden.**

Ohne spartanisch zu wirken, wurde die Möblierung dieses Schlafzimmers (rechte Seite) **klar minimalistisch gehalten, um so die Wirkung der alles beherrschenden Holzbalken mit ihren interessanten Strukturen nicht zu beeinträchtigen. Vor diesem Hintergrund wirkt das schlichte weiße Bettzeug sogar richtig kuschelig, während die Bürolampe auf dem Sockel noch einen schicken städtischen Effekt hinzufügt.**

fänge zu schaffen, und benutzen Sie Licht – natürliches und künstliches –, um dem Raum Konturen und Tiefe zu geben. Ein weißer Raum ist der ideale Hintergrund für gelegentliche Farbtupfer oder eingestreute Muster; drapieren Sie zum Beispiel eine türkisfarbene Wolldecke über schneeweiße Laken, oder setzen Sie auf eine Stehlampe einen knallig pinkfarbenen Schirm, oder werfen Sie einen scharlachroten Kimono auf das Fußende Ihres Bettes, oder kuscheln Sie sich unter einen bunten alten Patchwork-Quilt. Die folgenden natürlichen Farbtöne wirken auch beruhigend: Hautfarbe, Beige und Hellbraun, oder sanfte Schattierungen von Blau, Grün, Gelb, Grau und Rosa. Jeder, der an Schlaflosigkeit leidet, sollte sich für Blau oder Violett entscheiden – die beiden Farben, von denen nachgewiesen wurde, dass sie den Blutdruck senken und eine friedliche Stimmung schaffen.

Wenn man sich bei der Möblierung des Schlafzimmers auf das nötigste Minimum beschränkt, kann man gut Farben und Muster hinzufügen (oben)**. Aus diesem Grund erlauben die kahlen weißen Wände und das sachliche Design der Betten** (rechts, oben und unten)**, ein knalliges rot-weißes Farbschema.**

Die Mischung aus verschiedenen Stoffen und Mustern wie Blumen, Streifen und Karos auf dem geschnitzten Bett (rechts außen) **schafft einen hübschen, erfrischenden Look in diesem ländlichen Schlafzimmer.**

Fröhliche Farbtöne sind eine der besten Möglichkeiten, den Raum optisch zu vergrößern und im Licht strahlen zu lassen. Die gelb-weiße Palette in diesem Zimmer (links) **ist das beste Beispiel dafür: Sie gibt dem Ort eine gewisse Großzügigkeit und verhindert, dass die Wand mit den vielen Schubladen zusammen mit der Patchworkdecke zu lebhaft wirken.**

STELLEN SIE SICH IHR BETT VOR ALS EINE INSEL, DIE AUF EINEM RUHIGEN SEE TREIBT

SCHALTE EIN UND SPANNE AUS

Wegen der großen Wirkung auf die Stimmung ist die richtige Beleuchtung im Schlafzimmer so wichtig. Natürliches Licht nährt unsere Seelen, während die zusätzliche künstliche Beleuchtung – etwa der freundliche Schein einer Nachttischlampe – Ihnen helfen sollte, sich zu entspannen. Wenn möglich, dann versuchen Sie dafür zu sorgen, dass der Raum, in dem Sie schlafen, nach Osten geht. Auf diese Weise profitieren Sie von der elektrisierenden Energie der Morgensonne, was den nötigen Impuls gibt, um aus dem Bett zu steigen. Das heißt, dass grelles Licht aufdringlich sein kann. Besorgen sie sich also Jalousien oder Vorhänge aus Material, welches das Licht filtert, wie Voile oder Musselin.

SANFTE PASTELLTÖNE BERUHIGEN DIE SEELE

Ein Trolley aus Stahl, rosa Vorhänge und marokkanische Slipper geben dem Schlafzimmer (oben) eine unbeschwerte originelle Note, was den erholsamen Gesamteindruck nicht stört.

Das gleichmäßige Dekor und die neutralen Farben in diesem Schlafzimmer (links) werden durch die luftigen rosa Vorhänge und den Blumenstrauß auf dem Nachttisch davor bewahrt, langweilig zu wirken.

Die Pracht dieses Bettes wird ein wenig gemildert durch die beiden marineblauen Wandlämpchen (gegenüber), und das grobe Rohrgeflecht wirkt weicher durch die darüber geworfenen Kaschmirdecken.

Trotz des komplizierten Musters wirkt dieses schmiedeeiserne Bett ruhig und sanft – dank seiner eleganten Proportionen und der schlichten Bettwäsche. Die spinnenartigen Beine erhalten ihr solides Gegengewicht durch die Holzbank am Fußende.

Ein Vorteil von weich fließenden Stoffen ist ihre Fähigkeit, sich sanft im Luftzug zu bewegen, was eine milde Atmosphäre schafft.

Künstliches Licht sollte weich und entspannend sein. Mischen Sie stimmungsvolles Licht und notwendige Beleuchtung (zum Lesen zum Beispiel) so, dass Sie insgesamt eine intime Lichtatmosphäre schaffen. Sorgen Sie auch dafür, dass die Helligkeit regulierbar ist, denn hartes, grelles Licht kann den Raum kalt und geradezu klinisch wirken lassen. Indirektes Licht hat einen doppelten Effekt – es schafft warm schimmernde Lichtinseln an Wänden und Decke und lässt andere Winkel im geheimnisvollen Dunkel verschwinden.

»UNVERSCHÄMT« LUXURIÖSE STOFFE

Auch wenn das Schlafzimmer grundsätzlich sparsam möbliert ist, so heißt das keineswegs, dass es asketisch sein soll. Wählen Sie Bettwäsche aus Leinen und Seide, die Sie dazu einlädt, in sinnliche Stimmung zu gleiten; machen Sie aus Ihrem Bett den wichtigsten Ort, an dem Sie einen genussvollen Stil schaffen.

Wir alle kennen das Gefühl von Seligkeit, das uns überkommt, wenn wir in frische, duftende Bettwäsche gleiten. Das sensationelle Gefühl, natürlichen Stoff auf nackter Haut zu spüren, ist einer der wirkungsvollsten Seelentröster, und sich einfach fallen zu lassen in die frisch aufgeplusterten Kissen – das befreit von Stress und Anspannung des Tages. Es ist daher wichtig, dass Ihre Bettwäsche aus

Durch die Kombination von Pink und Weiß wird eine sanfte Stimmung geschaffen (linke Seite)**, während die dunklen Metallstreben am Kopfende dem ganzen Ambiente Stabilität verleihen und verhindern, dass es zu »süßlich« wirkt.**

Der schimmernde Glanz der Bettdecke (links) **kontrastiert mit den harten Konturen von Bank, Stehlampe und Stuhl, was einen guten Ausgleich schafft zwischen Luxus und Strenge.**

WÄHLEN SIE BETTWÄSCHE IN RUHIGEN FARBEN, UND VARIIEREN SIE VERSCHIEDENE STRUKTUREN UND STILE, SO SCHAFFEN SIE IN IHREM SCHLAFZIMMER REIZVOLLE KONTRASTE

Halb undurchsichtige Glassteine, violette Wände und der originelle Bugholzstuhl nehmen dem an sich mönchisch aussehenden Schlafraum (links) **seine Kargheit und geben ihm stilistisch einen besonderen Kick.**

Holzwand und Bett, eierschalenfarben angestrichen (oben)**, schaffen eine kuschelig-heimelige Stimmung, und mit den knisternd steifen Kopfkissen und dem schlichten Nachttisch wird dieser frische und einladende Eindruck noch unterstrichen.**

hochwertigen natürlichen Stoffen hergestelt wurde. (Unnötig zu sagen, dass damit reine Baumwolle und nicht ein Fasergemisch im Schlafzimmer gemeint ist.)

Sollte Ihr Schlafgemach eine Symphonie in Weiß sein, dann ist schlichte Bettwäsche ein Muss! Glücklicherweise wird davon eine große Auswahl in unter-

schiedlichen Stilen angeboten, so dass Sie auch innerhalb des minimalistischen Stils interessante Abwechslung schaffen können. Ein reizvoller Kontrast ist zum Beispiel, wenn Sie auf steife weiße Leinenlaken eine samtig schimmernde Satindecke legen; oder kombinieren Sie fein verarbeitete Wäschestücke – wie zum Beispiel mit Spitze – und robustere, wie Decken gewebt im Waffelmuster oder aus Wolle. Umgeben Sie ein schneeweißes Bett mit einer von der Decke herabhängenden, schwebend-leichten Drapierung, und Sie steigern die Wirkung enorm. So können Sie Ihr Bett in einen traumhaft romantischen Himmel verwandeln.

Weit davon entfernt, grau und traurig zu wirken – schafft die elegante Farbgebung in dem Schlafzimmer (linke Seite) **doch einen beruhigenden Gegensatz zu der übervollen, grellfarbigen Außenwelt –, ist dieser Stil hell und frisch.**

Eine der schnellsten Möglichkeiten, dem ganz weißen Schlafzimmer die Kargheit des minimalistischen Stils zu nehmen, ist, einige Kissen auf das Bett zu streuen (links). **Das einfache Farbschema von abgestuften Tönen zwischen Weiß und Braun erlaubt auch, unterschiedliche Textilstrukturen zu mischen, ohne mit dem klaren Stil in Konflikt zu kommen.**

Ein Kissenbezug aus rauem Leinen (unten) **fühlt sich sehr angenehm an. Sein grobes Gewebe kontrastiert reizvoll mit seiner weichen Funktion.**

Verwöhnen Sie auch Ihr Tastgefühl: Organisches Material wie Alpaka, Jute und Leinen harmoniert gut mit wollenen Bettdecken, während die Mischung aus warmen, luxuriösen Stoffen ein Gefühl von Geborgenheit schenkt: Baumwollflanell, Kaschmir, Seide, Angorawolle oder Mohair zum Beispiel.

SCHLAFFÖRDERNDE DÜFTE

Lavendel wird nachgesagt, dass es physisches, mentales und spirituelles Wohlbefinden verspricht – nachgewiesen ist jedenfalls, dass es auf natürliche Weise die Schlaflosigkeit kuriert: Spritzen Sie einige Tropfen ätherisches Öl auf Ihr Laken oder auf die Kopfkissen. Wenn die Symptome anhalten, dann stecken Sie zusätzlich ein Säckchen mit Lavendelblüten in den Kissenbezug. Stellen Sie auch ein Schälchen mit getrockneten Lavendelblüten auf den Nachttisch.

Die beste Art, den Waschplatz harmonisch zu gestalten, ist, die funktionalen Einbauten einfach zu halten. Wasserhähne sollten in der Wand installiert sein (linke Seite), um die Ränder von Bad und Becken sauber zu halten. Industrielles Baumaterial, wie Backstein und Glas, ist eine attraktive und haltbare Alternative (links) zur klassischen Badezimmereinrichtung.

Baden

Seit den 50er Jahren hat sich das Badezimmer verwandelt – von einem Waschplatz in ein Paradies für Entspannung und Genuss.

Die rasche Entwicklung des Badezimmers weg von einem rein funktionellen Platz für »Waschungen« reflektiert ein wachsendes Interesse an unserer geistigen und mentalen Gesundheit. Den Anstoß hat sie bekommen vom Design japanischer Badehäuser. Dort wurde Wassertherapie schon immer als wirksamer Weg angesehen, die Seele zu heilen. Inzwischen werden auch mehr und mehr westliche Badezimmer gestaltet wie ein »Badekurort«, um das gleiche Gefühl von heiterer Gelassenheit zu erzeugen. Einbauten verschmelzen harmonisch mit dem übrigen Dekor, die Farben beschränken sich auf ein oder zwei Schattierungen, und hässliche Rohre sind verkleidet. Auf diese Weise können wir uns auf das Ritual der Reinigung konzentrieren, ohne gestört zu werden von visuellem »Schutt«.

SÄUBERE DEN ORT, REINIGE DIE SEELE

Das Badezimmer schlicht zu gestalten bedeutet, sich an einem strikt minimalistischen Stil zu orientieren. Installieren Sie Hähne direkt in der Wand, so halten Sie die Ränder von Wanne und Waschbecken sauber, und ersetzen Sie mit Kosmetik voll beladene Regale durch unaufdringliche Wandschränkchen. Dekorative Acces-

soires sollten sich auch auf ein Minimum beschränken. Ein einziges Bild oder eine Topfpalme ist genug, wenn Ihre Hauptabsicht ist, Ihr Badezimmer zu einem Jungbrunnen für die Seele zu machen. Sollten Sie das Bedürfnis haben, mehr persönliche Accessoires in Ihrem Bad auszustellen, dann halten Sie sich an natürliche Objekte, und legen Sie den Schwerpunkt mehr auf unterschiedliche Konturen als auf knallige Farben.

ELEGANT BEARBEITETE OBERFLÄCHEN

Auch wenn das – der Seele wohltuende – Badezimmer im Prinzip minimalistisch ausgestattet ist, so heißt das nicht, dass da ein Mangel an Auswahl von schönen, edlen Materialien für die Flächen herrscht. Im Gegenteil, es gibt Myriaden von Möglichkeiten – von glänzender Keramik zu schimmerndem Edelstahl, gemusterten Kieseln zu kühlem Glas und warmen Hölzern zu getöntem Beton.

Mit der wachsenden Begeisterung für Wassertherapie als heilendem Balsam für die Seele werden Badezimmer immer öfter minimalistisch gestaltet (rechte Seite). **Die Inspiration dafür geben die modernen »Badeinseln«. Die Farben sind klar und kühl, und die Einrichtung wird auf das Wesentliche reduziert.**

Mit warmen Farben und weichen Stoffen (oben) **lässt sich eine sanftere Atmosphäre schaffen** (oben); **ebenso ist eine Sammlung von Kristallen dekorativ, ohne zu verspielt zu wirken** (oben links).

Auch wenn es sehr reduziert ist, so hat das Bad doch eine warme, lebendige Atmosphäre (gegenüber und links)**, dank der Rattankörbe und der sanften Rundung des Waschbeckens aus Stein. Einige Naturschwämme und der Blumenstrauß vollenden den warmen Eindruck.**

NUANCEN VON WEISS ODER CREME SCHAFFEN DEN NATÜRLICHEN HINTERGRUND FÜR DIE REINIGUNG VON KÖRPER UND SEELE

Ob Sie sich für eine kistenförmige Wanne im japanischen Stil entscheiden oder eine mit altmodisch gerundetem Rand (unten)**, sie sollte auf jeden Fall groß und tief genug sein, dass Sie sich darin wälzen können – ein Platz zum Lesen, Meditieren oder um eine Tasse beruhigenden Kräutertee zu trinken.**

Falls Sie Ihr Badezimmer eher urig-natürlich einrichten, dann ist weiches Holz ein wunderbares Oberflächenmaterial. Nicht nur, dass Holz vor einem neutralen, ruhigen Hintergrund wunderbar aussieht, Sie können es sogar für die festen Installationen wie Wanne, Waschbecken und Toilette benutzen, wenn es so präpariert wurde, dass es wasserdicht ist. Bereits seit hunderten von Jahren von den Japanern bevorzugt, schenkt eine hölzerne Wanne ein wundervoll beglückendes Badeerlebnis – sie fasst sich angenehm an, und der würzige Holzduft steigt auf, wenn die Wanne sich mit heißem Wasser füllt.

Auch Stein ist ein wirkungsvolles Material im Badezimmer. Er strahlt das Gefühl von Unvergänglichkeit aus, das im Kontrast steht zu der gereizten Hightech-Welt da draußen.

Wie Holz ist auch Stein widerstandsfähig, dauerhaft und wasserdicht. Es ist außerdem verfügbar in großer Auswahl von unterschiedlichen Sorten und Oberflächen: Nehmen Sie Granit, wenn Sie ein urig-männliches Ambiente schaffen wollen, oder weichen Sandstein, wenn es eher sanft und erdig sein soll. Sie können sich auch für superluxuriösen Marmor entscheiden – dieser

früher unbezahlbar teure Stein ist heute billiger zu bekommen in Form von Fliesen, Furnier, und Marmor-Harz-Mischungen. Entscheiden Sie sich alternativ für gegossenen Beton, der neuerdings für den Innenausbau ebenso beliebt ist wie für den Außenbau: Raffiniert gemischt mit anderen speziellen Materialien, kann er inzwischen genauso abwechslungsreich und lebendig aussehen wie Stein – Struktur und Farben werden so verändert, dass daraus eine große Auswahl an optisch schmeichelhaften Resultaten erzielt wird.

SCHLICHTE FARBTÖNUNGEN

Einer der besten Wege, ein Ambiente der Reinheit zu schaffen, ist, sich auf ein bis zwei Farben zu beschränken. Es ist egal, für welche Farben Sie sich entschei-

Bei diesem Waschplatz wurden unterschiedliche reflektierende Oberflächen perfekt kombiniert: Die Rauchglasplatte mit dem schimmernden Waschbecken und den glänzenden Armaturen aus Chrom (links) **bilden einen perfekten Kontrast zu der rissigen Wand aus Kalkstein.**

Teure Designerlotionen und Cremetöpfe haben keinen Platz in einem harmonisch gestalteten Badezimmer. Stattdessen ist der Stil schlicht und natürlich und hält sich an gute Seifen und einfarbige Handtücher (oben) **– so erreicht man den optimalen Effekt.**

Durch den warmen Sandstein bekommt dieses Badezimmer eine heimelige Atmosphäre (gegenüber)**, und der Nischenplatz der Wanne steigert noch das Gefühl von Geborgenheit.**

den, solange sie in klaren Tönen gehalten sind (grelle, dichte Farben behindern die Fantasie eher, als dass sie sie beflügeln). Tönungen von Weiß oder Creme sind ideal – schaffen sie doch ein klares, helles Ambiente –, im Gegensatz zu der in den 1970er Jahren allgegenwärtigen avocadogrünen, muffig wirkenden Badesuite, die dann schnell wieder in Ungnade gefallen ist.

Blau passt auch sehr gut für das Bad – dank der Assoziation mit Meer und Himmel. Variationen von hellen, wasserblauen Farbtönen beruhigen den Körper und besänftigen den Geist. Außerdem ist Blau die perfekte Ergänzung zu Weiß, denn die Kombination dieser beiden Farben erschafft das zum Bad passende Strandgefühl und bewahrt es davor, steril zu wirken. Für den »back-to-basics«-Stil, der eher wohnlich wirken soll, empfehlen wir sanfte, erdige Farbtöne. Sanfte Grüns, helle Brauns, Ocker

oder Sandfarben – alle stellen einen Bezug zur Natur her und ergänzen sich wunderbar mit Oberflächen aus Stein oder Holz. Außerdem bilden diese neutralen Farben den idealen Hintergrund für Zubehör aus Naturmaterial, wie Sisalkörbe, Luffa, Muscheln und Naturschwämme.

SANFTE LICHTREFLEXE

Der wichtigste Aspekt bei der Gestaltung eines modernen Badezimmers ist, so viel natürliches Licht wie möglich hereinzulassen – entweder indem zusätzliche Fenster angebracht werden oder ein Deckenfenster direkt über Waschbecken oder Wanne eingebaut wird. Dann könnte man sich beim Baden einfach zurücklehnen und die Wolken vorbeiziehen sehen oder in Baumwipfel schauen und dabei möglicherweise noch die Vögel beobachten. Einen besseren Weg, sich selbst als

Trotz des graubraunen Sandsteins, gesprenkelt mit fossilen Einschlüssen, wirkt dieses Bad nicht düster, langweilig und kalt (links)**. Das wird verhindert durch die sonnig getönten Jalousien und die verspiegelten Hängeschränkchen, die warme Lichtreflexe im Raum tanzen lassen. Die Längsrillen in der Wannenverkleidung und an den Wänden schaffen zusätzlich einen interessanten Kontrast.**

Mit reflektierenden Oberflächen wie Chrom und schimmernder Keramik (oben und rechts) **lässt sich das Bad auch optisch aufhellen und vergrößern, speziell auf dem Hintergrund von dunklem Stein.**

einen Teil der Natur zu empfinden – obwohl man sich innerhalb der Wohnung befindet –, gibt es wohl nicht.

Sollten Sie sich bei Ihrem Bad für die schlichte ganz weiße Variante entschieden haben, dann lassen Sie so viel natürliches Licht herein wie irgend möglich, denn es ist die ideale Ergänzung, um diesem Raum eine leichte, heitere Atmosphäre zu geben. Glas ist besonders vielseitig, haltbar und auch leicht zu reinigen. Außerdem gibt es eine große Auswahl davon: glatt, undurchsichtig, gefärbt und mattiert. Benutzen Sie es für Wände, Türen und Regale oder bei der Gestaltung von Duschkabine, Waschbecken oder Wanne.

Durch die geschickte Anbringung von Spiegeln können Sie Ihr Bad auch heller und größer erscheinen lassen, denn sie lassen die Lichtstrahlen im Raum herumhüpfen. Außerdem können Sie mit reflektierendem Glas ganz neue optische Dimensionen schaffen, was dem Badenden ermöglicht, sich vorzustellen, er plantsche in einem mystischen Raum aus seiner Fantasie.

Für die Gestaltung eines wirklich erholsamen Badezimmers gibt es ganz klare Regeln: Installationen und Einbauten müssen sich nahtlos in das Design einfügen; Farbe sollte sich auf ein bis zwei Schattierungen beschränken und die visuelle Ablenkung durch dekorative Elemente sich auf ein Minimum beschränken.

Mehrere identisch angebrachte Fenster und ein sorgfältig positionierter Spiegel fügen hier auf sanfte Weise die einzelnen Abschnitte des Badezimmers zusammen (ganz links und links) **– schaffen sie doch einen fließenden Übergang von Wanne zu Duschkabine und Waschbecken. Außerdem mildert ihre runde Form die strengen Linien der Wandkacheln.**

Der schimmernde Gummifußboden und die lange, elegante Wanne geben dem Badezimmer (unten) **eine fast klösterliche Strenge.**

EIN SCHLICHTER RAUM ERMÖGLICHT IHNEN, SICH GANZ AUF DAS REINIGUNGSRITUAL ZU KONZENTRIEREN

CREMES, LOTIONEN UND ACCESSOIRES

In einem Bad, das wirklich der Erholung und Reinigung von Körper und Seele dienen soll, dürfen Kosmetikartikel nicht offen herumstehen. Beweisstücke unserer profanen »Helfer«, die wir benötigen, um uns gesund und schön zu fühlen, stören das harmonische Ambiente des Raumes. Sorgen Sie also dafür, dass Zahnpasta, Rasierer und Wattebällchen ordentlich in Wandschränkchen verstaut sind.

Natürlich können Sie einige ständig gebrauchte Cremes und Lotionen sichtbar aufstellen. Füllen Sie Shampoo, Conditioner, Duschgel und Badeöl um in ästhetische Flaschen und Töpfe, und fügen Sie Seife, Naturschwämme und Luffa zu einem hübschen Sortiment zusammen – alles mit der Absicht, ein elementar erdverbundenes Gefühl zu schaffen.

Der individuell bezogene Stuhl mit dem Samtkissen hat überhaupt nichts mehr zu tun mit der langweiligen Uniformität von gängigen Büromöbeln, und die Konservendosen – befreit von ihren Etiketten – setzen dem Ganzen noch einen Tupfer des modischen Ökoschicks auf.

Ob Sie nun ganztägig zu Hause arbeiten oder eine »administrative« Region schaffen wollen, wo Sie Briefe schreiben und Ihren Papierkram erledigen können, es ist wichtig, diesen Platz so übersichtlich zu gestalten, dass Sie sich gut konzentrieren können.

Arbeiten

In unserer Zeit der Single-Generation hat die Kommunikationstechnologie die Arbeitswelt revolutioniert. Dank solcher Errungenschaften wie E-Mail und Internet können wir nun das gedruckte Wort mit einem Knopfdruck verschicken, innerhalb von Minuten jede denkbare Information herausfinden und mit Menschen auf der anderen Seite des Erdballs kommunizieren – und es kostet nicht mehr als ein Telefongespräch. Als Ergebnis davon arbeiten immer mehr Menschen von zu Hause aus – dank der Computertechnik trotzdem verbunden mit der Außenwelt. Dieses Arrangement ist besonders nützlich für diejenigen, die eine ruhige Arbeitsatmosphäre suchen, was Körper und Seele gleichermaßen zugute kommt. Außerdem kann man sich durch einen Heimarbeitsplatz auch von den permanent irritierenden Störungen in einem Büro fern halten, wo klingelnde Telefone, mobbende Kollegen, endlose Meetings und der tägliche Wechsel an unseren Nerven zerren und unsere seelischen Kräfte auslaugen.

ORGANISATION DES ARBEITSPLATZES

Ihren Arbeitsplatz sollten Sie so gestalten, dass er nützlich ist für die spezielle Tätigkeit, die Sie ausüben wollen – sei es, einen umfangreichen Geschäftsabschluss zu verhandeln, ein Buch zu schreiben, eine Website zu gestalten oder nur Belege abzuheften. Ohne Zweifel wird das Ergebnis immer sehr viel effizienter sein, wenn Sie es an einem ordentlichen, bequemen und optisch ansprechenden Platz tun.

Wichtig ist auch, dass Sie gleichermaßen Zeit und Geld investieren – je besser Ihr Arbeitsplatz von Anfang an geplant und gestaltet ist, desto eher zahlen sich die Investitionen – in Form von größerer Produktivität – wieder aus. Zunächst prüfen Sie doch, ob sich ein ungenutzter Raum in das häusliche Büro verwandeln lässt – die Dachkammer, ein geräumiger, begehbarer Wandschrank oder der Wintergarten zum Beispiel. Alternativ bietet sich an, einen Arbeitsplatz in einem wenig benutzten Raum einzurichten, wie zum Beispiel im Esszimmer oder im Gästeschlafzimmer.

INDIVIDUELLE EINRICHTUNG

Einer der besten Aspekte bei der Einrichtung des Heimarbeitsplatzes ist, dass man sich dabei völlig von den Standardbüroeinrichtungen lösen kann. Während elefantengraue Tische und trübsinnig graue Computer ein

Es ist nicht nötig, einen Extraraum für das »home office« zu reservieren. Dieses gut durchdacht konzipierte Schrank-Büro (links) **passt sich gut in die Ecke ein und hat genug Platz für Computer, Drucker und Faxgerät, ohne den Raum zu beherrschen. Außerdem wirkt seine helle, fröhliche Farbe aufmunternd und anregend für die Kreativität.**

Auch wenn es streng minimalistisch aussieht, so ist das Design dieses Arbeitsplatzes (links) **doch genau durchdacht – von der sehr praktischen, leichten und beweglichen Tischlampe (Design von Richard Sapper) bis zum dem alten, soliden Holztisch. Das Ergebnis ist ein Arbeitsplatz, der so praktisch wie ästhetisch ist.**

DIE PERFEKTE UMGEBUNG SCHAFFEN MIT INTERESSANT ZUSAMMENGESTELLTEN PASTELLFARBEN

»fact of life« in Büros auf der ganzen Welt sind, ist die Gestaltung des Heimarbeitsplatzes auch eine ästhetische Herausforderung: die Persönlichkeit des Besitzers auszudrücken und erstklassige Arbeitsergebnisse zu produzieren.

Der beste Arbeitsplatz ist einfach, aber geschickt gestaltet – ein paar Möbel, so aufgestellt, dass Ideen ungehindert fließen können. Noch einmal sei gesagt, blasse Farben fördern die Klarheit der Gedanken am besten. Neutrale Farben wie Stein, Elfenbein und Sand stehen an erster Stelle, um gut nachdenken zu können. Alternativ können Sie sich für klare Farben entscheiden, wie Taubenblau und Blassgelb – mit einem modernen Druck an der Wand oder einem glänzenden Sessel davor schaffen Sie einen Ort, der zu Konzentration und Inspiration einlädt.

Gute Beleuchtung ist auch sehr wichtig für den Arbeitsplatz. Wenn möglich, stellen Sie den Tisch in die Nähe eines Fensters, da natürliches Licht die

Wenn Ihre Arbeit mit viel Papier verbunden ist, gibt ein Wandschrank (oben und links) **genug Platz. Sorgen Sie dafür, dass die Regale breit und tief genug sind, um auch große Aktenordner aufzunehmen.**

Der leuchtend rote Stuhl bringt eine fröhliche Note an diesen schlichten Arbeitsplatz (linke Seite)**, während das natürliche Licht, das durch das große Fenster hereinflutet, die Büro-Atmosphäre positiv auflockert.**

Ein paar ausgefallene Extras geben diesem Platz den persönlichen Charme, was wiederum die Kreativität anregt: Schwarzweiß-Fotografie, Vase und moderne Stehlampe (oben) **mildern die harten Linien des industriell anmutenden Arbeitsplatzes ebenso, wie sie einen Gegensatz zu der rauen Umgebung bilden, die durch das Fenster sichtbar ist.**

Robuste Schränke von guter Qualität zahlen ihren Preis zurück über viele Jahre zuverlässiger Nützlichkeit (oben links)**. Stellen Sie außerdem sicher, dass der Arbeitsplatz immer gut beleuchtet ist. Verstellbare Lampen sind dafür ideal.**

Kreativität anregt. Was künstliches Licht betrifft, stellen Sie sicher, dass eine schwenkbare Arbeitslampe Bestandteil Ihres Platzes ist.

GUT SITZEN

Tisch und Stuhl sind die wichtigsten Einkäufe, wenn Sie Ihr Büro einrichten. Auch wenn Ihr Geldbeutel schmal ist, sollten Sie Zeit und Geld opfern, um das ergonomisch beste Modell zu finden, da es Sie vor Rückenproblemen und den daraus entstehenden schmerzhaften Verspannungen bewahren wird.

Bei der Auswahl des Tisches: Achten Sie darauf, dass er groß genug ist für Computer, Mousepad, Telefon und Ablagekorb, ohne dass Sie sich in der Bewegung einschränken müssen.

Sollte Ihre Arbeit Kreativität erfordern, dann nehmen Sie einen runden Tisch, das unterstützt originelle Gedanken und Ideen. Im Gegensatz dazu, ist ein rechteckiger oder quadratischer Tisch vorteilhafter,

HOLZMÖBEL AM ARBEITSPLATZ SYMBOLISIEREN WACHSTUM UND ENTWICKLUNG

wenn Sie mit Statistiken und Zahlen arbeiten müssen. Der Stuhl muss verstellbar sein und sollte Rollen haben – das ist sehr wichtig, wenn Sie längere Zeit am Schreibtisch sitzen werden.

POSITIVE SCHWINGUNG UND ANREGENDE AROMEN
Für Spitzenergebnisse bei der Arbeit brauchen Sie eine anregende Atmosphäre. Dafür empfiehlt sich ein Ionisierer (zum Beispiel eine Salzlampe), um Computerstrahlen entgegenzuwirken; stellen Sie ein paar Blattpflanzen dazu, um diesen wohltuenden Effekt zu steigern. Auch Aromatherapie belebt die Arbeitsumgebung: für klare Gedanken Rosmarin oder Basilikum; gegen mentale Erschöpfung Basilikum; zur Stimulation Eukalyptus oder Salbei; zur Gedächtnissteigerung Ingwer, Basilikum, Zitrone, Grapefruit, Rosmarin, Koriander oder Pfefferminze; und für die kreative Inspiration Weihrauch, Bergamotte, Rose, Jasmin oder Zimt.

Der einfache hölzerne Tisch auf Böcken (oben links) **bietet reichlich Platz, um Papierarbeit zu erledigen, während der mit Baumwollstoff überzogene Stuhl eine fröhliche Atmosphäre schafft. Außerdem passt der weiß gestrichene Aktenschrank ausgezeichnet dazu, und das Aroma vom Rosmarin auf dem Tisch hilft, sich zu konzentrieren.**

Wenn Sie unter Konzentrationsschwierigkeiten leiden, dann zünden Sie eine Kerze an (ganz links)**. Nicht nur, dass durch die Flamme ein beruhigender Konzentrationspunkt geschaffen wird – ist sie aromatisiert, kann sie helfen, das Gehirn »auf Trab« zu bringen. Blumen und Kräuter wirken ähnlich stimulierend** (links)**; wählen Sie zum Beispiel Pfefferminze als starke Konzentrationshilfe.**

Es ist nicht nötig, sich für Standardstühle oder -tische zu entscheiden, um einen nützlichen Arbeitsplatz zu schaffen. Solange Tisch und Stuhl in der Höhe zusammenpassen, können Sie durchaus verschiedene Stile mischen. Ein Kaffeehausstuhl, kombiniert mit einem alten Nähmaschinentisch (diese Seite)**, ergibt einen guten Platz, um Schreibarbeiten zu erledigen, während der gemütliche Sessel dazu einlädt, in Zeitschriften zu blättern.**

Das ruhige Gewässer, in dem sich die riesige Glaswand spiegelt, bietet den Bewohnern dieses Hauses eine entspannende Aussicht. Der nahtlose Übergang von drinnen zu draußen schafft die Verbindung zur Natur, und das reflektierende Wasser wirkt meditativ und erholsam.

Rund ums Haus

Sie müssen nicht in ländlicher Zurückgezogenheit auf einem riesigen Grundstück leben, um sich einen stillen Ort zu schaffen, wo Sie die Erde berühren und den Himmel spüren können.

Genauso, wie Pflanzen durch Lichtmangel welken und sterben, so verkümmert auch die menschliche Seele, wenn sie abgeschnitten wird vom Kontakt mit der Natur. Daher ist es lebenswichtig, dass wir in unserer Umgebung eine Zone haben, in der wir von der heilenden Kraft der Natur profitieren können.

Es macht keinen Unterschied, ob Ihr Außenterritorium ein weitläufiger Garten ist oder ein Backsteinbalkon von der Größe eines Taschentuches – oder ob Sie möglicherweise gar keinen Außenbereich haben! Wichtig ist, dass Sie sich ein Plätzchen schaffen, an dem Sie sich still zurückziehen und mit Mutter Natur verbinden können. Wenn Sie sich verpflichten, Ihren Garten liebevoll zu pflegen – oder Pflanzen ins Haus zu bringen –, schaffen Sie die optimalen Voraussetzungen, um Ihre Energie immer wieder aufzufüllen.

DIE GRENZEN VERWISCHEN

Es kann gar nicht genug betont werden, wie wichtig es ist, zwischen Wohnung und Natur eine Verbindung herzustellen. Auch wenn Sie einen großzügig angelegten Garten haben, sollten Sie eine Verbindung zwischen drinnen und draußen schaffen. Am besten lassen sich die Grenzen verwischen, indem Sie deckenhohe Glasschiebetüren einbauen und für beide Seiten den gleichen Bodenbelag nehmen. Auch wenn Sie keinen Freisitz draußen haben, so heißt das nicht, dass Sie sich

Die entspannte Atmosphäre dieses Schlafzimmers gipfelt in dem großen Austritt auf den Balkon durch die deckenhohen Falttüren. Das bringt nicht nur mehr Licht herein und vergrößert optisch den Raum, sondern der Blick in Himmel und Baumwipfel wirkt auch höchst regenerierend.

Hier wurde in einem umgebauten Lagerhaus ein Innenteich eingebaut (unten)**. Das Design wurde dem ruhigen Zen-Stil nachempfunden, inklusive einem Felsenstück als Teil der Brunnenmauer aus Zement. Der Gesamteindruck ist jedoch sehr modern und typisch für den Stil des 21. Jahrhunderts, wo sich Ost und West stilistisch treffen.**

Wo jetzt in diesem eleganten Pool das Wasser plätschert, war vorher der Kuhstall (gegenüber)**. Um Ähnlichkeit mit einem Bootshaus zu schaffen, wurde alles weiß gestrichen; die schwimmenden, sich im Wasser spiegelnden Kugeln runden das Ganze ab zu einem Ort der Ruhe und Besinnlichkeit.**

DIE ATMOSPHÄRE VON AUSGEGLICHENHEIT IM HAUS SETZT SICH FORT DURCH EINEN NAHTLOSEN ÜBERGANG VON DRINNEN NACH DRAUSSEN

von der Natur abgeschnitten fühlen müssen. Sie können sich auch einen »Innengarten« schaffen, indem Sie unter einem Deckenfenster ein Arrangement mit Pflanzen und Wasser dekorieren.

SCHAFFEN SIE NATÜRLICHE HARMONIE MIT EINEM ZEN-GARTEN

Eine gewisse besinnliche Stimmung können Sie am wirkungsvollsten in ihren Garten zaubern, wenn Sie einen alten Zen-Garten imitieren. Arrangieren Sie Steine, Sträucher, Bäume, Wasser und Sand so, dass Sie das Gefühl haben, Sie können Ihre Energie wieder auffüllen und so Yin und Yang ausgleichen. Wie auch immer, es ist nicht nötig, sich an den rigorosen japanischen Stil zu halten, um sich ein besinnliches Plätzchen zu schaffen. Beschränken Sie die Unordnung auf ein Minimum, verwenden Sie natürliche Materialien, und beachten Sie ein paar wesentliche Punkte bei der Gestaltung. Haben Sie zum Beispiel einen kleinen Hinterhof, so belegen Sie ihn mit silbrig schimmernden Holzdielen oder einfachen Steinplatten, oder streuen Sie Kies, und schon entsteht ein naturverbundenes, uriges Gefühl. Alternativ können

Mit guter Planung können Sie sogar einen winzigen Außenraum in Ihr persönliches kleines Paradies verwandeln. Der Zaun aus Holzlatten (linke Seite) lädt zu innerer Ordnung und Sammlung ein, wie es dem Zen-Gedanken entspricht, während die darüber hängenden Zweige auflockernd wirken. Den gleichen streng-weichen Gegensatz bilden die schlichte Holzbank und das einladend weiche Kissen darauf.

Eine kleine Dachterrasse mitten in der Stadt (links) – dekoriert mit einem hölzernem Boden, ein paar gemütlichen Rohrstühlen und einer Auswahl hübscher Blumentöpfe – ist alles, was man braucht, um in Kontakt mit der Natur zu sein.

Sie können sich auch drinnen ein gartenähnliches Ambiente schaffen. Durch das großzügige Deckenfenster, den Steinplatten-Fußboden und die Blattpflanzen in den Hängekörben (oben) bekommt der Platz ein luftiges, naturverbundenes Aussehen.

Sie den Platz mit getöntem Beton pflastern und durch Töpfe mit Büscheln von dekorativen Gräsern den harten Eindruck mildern. Sie können Ihren Freisitz auch mit sanft geschwungenen Gartenmöbeln aus interessantem Material möblieren: Sesseln aus Rohr oder Bambus zum Beispiel. Ein Trio aus unterschiedlich großen Steinen und eine einfache Holzbank (möglichst im Schatten unter einem Baum) laden sogar zum Meditieren ein, und eine schmiedeeiserne Laterne taucht alles in warmes Licht.

BEGRÜNEN SIE MIT NICHT BLÜHENDEN PFLANZEN

Ebenso wie Aromen eine große Rolle im Haus spielen, gehören Duftpflanzen nicht zur Gestaltung eines im Zen-Sinn gestalteten Außenplatzes. Die zentrale Rolle spielen hohe Gräser und Blattpflanzen – sie sind der Mittelpunkt dieser friedvollen Oase. Außer dass dieser Stil jetzt modern ist, sind Grasbüschel auch erfreulich leicht zu pflegen. Wählen Sie zwischen schnell wachsenden, biegsamen Bambussorten – die Höhe und Bewegung bringen – oder der sanft schwingenden Grazie

Wasser spielt eine Hauptrolle bei der Gestaltung des Außenraumes, da es ganz entscheidend zu einer heiter-gelassenen Stimmung beiträgt – ganz gleich, ob Sie sich für das muntere Plätschern von fließendem Wasser (links) **oder die meditative Stimmung eines stillen Teiches entscheiden.**

Ein Wasserhahn (unten rechts) **an der Hauswand bietet eine gute Möglichkeit, täglich draußen aktiv zu sein und die Pflanzen zu wässern.**

Eine hölzerne Veranda (rechte Seite)**, groß genug für den Tisch und die Stühle, ist eine ideale Basis, um den Außenplatz zu genießen. Natürliche Materialien und einfache Möbel korrespondieren am besten mit der freien Natur.**

dekorativer Gräser, die auch im kleinsten Windhauch zittern. Sollten Sie einen eher grafischen Look bevorzugen, dann füllen Sie Sukkulenten in silbern glänzende Töpfe und dekorieren Sie Kieselsteine kunstvoll darum herum. Töpfe mit blaugrünem *Helictotrichon*-Gras wirken auch sehr gut mit ihrer Ausstrahlung von Dynamik und Gesundheit, während das federleichte Laub von silbergrau schimmernden Blattpflanzen einen subtilen Farbkontrast schafft.

LEBENSGRUNDLAGE WASSER

Bekannt für seine heilende Wirkung, wurde die reinigende Kraft des Wassers seit tausenden von Jahren bei religiösen Zeremonien genutzt. Folglich wissen wir, dass Wasser unseren Geist beruhigt und unseren Gedanken erlaubt, uns mit einer höheren Kraft zu verbinden. Integrieren Sie Wasser in Ihren Außenraum durch die Installation eines Springbrunnens oder eines ruhigen Teichs – beide sind sehr hilfreich dabei, den Geist zu klären und eine nachdenkliche Stimmung zu erzeugen. Bewegtes Wasser ist dynamisch, schwungvoll und lebendig. Seine leichte, fließende Bewegung vermittelt nicht nur Ruhe und Besinnlichkeit – der Anblick von fließendem Wasser befreit auch unsere Kreativität und regt uns zu spontanen Ideen an. Im Zen sagt man, es rege das *chi* (die Lebensenergie) an. Stilles, reflektierendes Wasser wirkt dagegen beruhigend und besinnlich – es hilft, unseren Horizont zu erweitern, und bringt uns durch seine gläserne Tiefe in meditative Stimmung. Wenn Sie einen Teich haben, dann bepflanzen Sie ihn mit Wasserlilien – im Sinn des Zen repräsentieren sie Reinheit und Anstand – und setzen Sie Fische ein, welche laut Feng-Shui Gesundheit und Reichtum versprechen.

Wenn Sie nur einen kleinen Außenraum haben, dann schaffen Sie sich einen Miniaturteich, indem Sie einfach eine große Glasschale oder Vase mit Kieselsteinen und Wasser füllen. Lassen Sie Blütenblätter oder eine Kerze darauf schwimmen, so werden die sanften Wellen, die der Wind erzeugt, sichtbar.

Quellenangabe

Schlüssel: O = Oben, U = Unten, L = Links, R = Rechts, M = Mitte

Artemide GB Ltd.
323 City Road
London EC1V 1LJ
Tel: +44 20 7833 1755
Hoch gelobte italienische Designfirma. Hat etliche moderne Beleuchtungsklassiker entworfen.

Atrium
Centrepoint
22–24 St Giles High Street
London WC2H 8LN
Te.: +44 20 7379 7288
Führt die neuesten Lampen und Möbel bekannter moderner Designer genauso wie viele Klassiker moderner Beleuchtung.

Carden Cunietti
83 Westbourne Park Road
London W2 5QH
Inneneinrichtungsgeschäft sowohl für Altes wie für Modernes.

Farrow & Ball
Uddens Estate
Wimbourne
Dorset BH21 7NL
Gemälde

Interieurs
Tel.: +1 212 343 0800
Asiatisch inspiriertes Mobiliar und Antiquitäten des 19. und 20. Jhdt.

SKK
34 Lexington Street
London W1R 3HR
Tel.: +44 20 7434 4095
Sowohl Berater für Lichtdesign wie Fachgeschäft für Lampen von führenden jungen Designern.

Story
Tel.: +44 20 7377 6377
Termine nach Vereinbarung Persönliche Auswahl von alten und neuen Möbeln und Accessoires.

Tsé Tsé in der Galerie Sentou
26 Boulevard Raspail
75007 Paris, Frankreich
Te.: +33 1 45 49 00 05
Und bei Maryse Boxer Design
26 Sloane Street
London SW1X 7QL
Tel.: +44 20 7 245 9493
Elegantes, ausgefallenes Lichtdesign von einer jungen modischen französischen Firma.

ARCHITEKTEN UND DESIGNER, DEREN ARBEITEN IN DIESEM BUCH GEZEIGT WERDEN:

Asfour Guzy
594 Broadway, Suite 1204
New York, NY 10012
USA
Tel.: +1 212 334 9350
Fax: + 1 212 334 9009
Seite 17

Ash Sakula Architects
38 Mount Pleasant
London WC1X OAN
Seiten 79, 89

Azman Owens
Architekten
8 St Albans Place
London NW1 ONX
Tel.: +44 20 7354 2955
Fax: +44 20 7354 2966
Seite 78L&R

Babylon Design Ltd
Beleuchtungsdesigner
301 Fulham Road
London SW10 9QH
Tel.: +44 20 7376 7322
E-Mail:
info@babylondesign.demon.co.uk
Licht von den rührigsten Designern wie Peter Wylly, Ross Menuez und Roland Simmons Seiten 22, 124R, 125, 127R

Barefoot Elegance
Dot Spikings & Jennifer Castle
3537 Lod Conejo Road, Suite 105
Newbury Park CA 91320
USA
Tel.: +1 805 499 5959
Seiten 12, 13, 30, 33R, 38R, 43

JoAnn Barwick
Innenarchitekt
P.O.Box 982
Boca Grande FL 33921
USA
Seiten 83UR, 103R

Claire Bataille & Paul ibens
Design NV
Architekten
Vekestratt 13 Bus 14
2000 Antwerpen
Belgien
Tel.: +32 3 231 3593
Seiten 81, 118–119, 119U

Bedmar & Shi Designers Pte Ltd
12a Keong Saik Road
Singapore 089119
Tel.: +65 22 77117
Fax: +65 22 77695
In Singapur beheimatete, seit 1980 bestehende Firma. Spezialisiert auf Wohnhäuser, auch Inneneinrichtung, speziell für Restaurants und Büros.
Seiten 97, 1360

Laura Bohn Design Associates, Inc.
30 West 26th Street
New York NY 10010
USA
Tel.: +1 212 645 3636
Fax: +1 212 645 3639
Seite 135R

Bowles & Linares
32 Hereford Road
London W2 5AJ
Tel.: +44 20 7229 9886
Seite 92R

Ann Boyd Design Ltd
33 Elystan Street
London SW3 3NT
Tel.: +44 20 7591 0202
Fax: +44 20 7591 0404
Seite 400

Nancy Braithwaite Interiors
2300 Peachtree Road, Suite C
101 Atlanta GA 30309
USA
Seiten 18, 50R

Cabot Design Ltd
Innenarchitekten
1925 Seventh Avenue, Suite 71
New York NY 10026
USA
Tel.: +1 212 222 9488
E-Mail: eocabot@aol.com
Seite 55

Circus Architects
Unit 1, Summer Street
London EC1R 5BD
Tel.: +44 20 7833 1999
Seite 90

Conner Prairie Museum
134000 Alisonville Road
Fishers IN 46038
USA
Seiten 11, 1020

Damien D'Arcy Associates
9 Lamington Street
London W6 OHU
Tel.: +44 20 8563 7784
Seite 113

De Le Cuona Textile and Home Collection
9–10 Osborne Mews
Windsor SL4 3DE
Tel.: +44 1753 830301
E-Mail: bernie@softech.co.uk
www.delecuona.co.uk
Bitte fragen Sie telefonisch nach Fachhändlern.
Seiten 62, 63L

De Metz Architects
Unit 4, 250 Finchley Road
London NW3 6DN
Tel.: +44 20 7435 1144
Seite 23

Terry Dorrough Architect
14 Riverview Avenue
Dangar Island NSW 2083
Australien
Tel.: +61 2 9985 7729
Fax: +61 2 9985 7177
Design von Privathäusern und kleinen Projekten
Seite 134

Robert Dye Associates
68-74 Rochester Place
London NW1 9JX
Tel.: +44 20 7267 9388
Fax: +44 20 7267 5963
Seite 100

Jamie Falla
MooArc
198 Blackstock Road
London N5 1EN
Tel.: +44 20 7345 1729
Seite 53L

Han Feng
Modeschöpfer
333 West 39th Street, 12th Floor
New York NY 10018
USA
Tel.: +1 212 695 9509
Seite 61

Ken Foreman
Architekt
105 Duane Street
New York NY 10007
USA
Tel./Fax: +1 212 924 4503
Seite 112R

Belmont Freeman Architects
Projekt Team: Belmont Freeman (Chefdesigner), Alane Truitt
Sangho Park
110 West 40th Street
New York NY 10018
USA
Tel.: +1 212 382 3311
Fax: +1 212 730 1229
Seite 126

Zina Glazebrook
ZG Design
10 Wireless Road
East Hampton NY 11937
USA
Tel.: +1 631 329 7486
Fax: +1 631 329 2087
E-Mail: dzina@ATT.net
www.zdesign.com
Seiten 24, 133

Glomdalsmuseet
Museum for Osterdalen and Solar
2400 Elverum
Norwegen
Seite 57L

Mark Guard Architects
161 Whitfield Street
London W1P 5RY
Tel.: +44 20 7380 1199
Seiten 98–99

Alastair Hendy
Kochbuchautor, Art Director und Designer
Fax: +44 20 7739 6040
Seiten 2, 8–9, 60

John C. Hope Architects
3 St Bernard's Crescent
Edinburgh EH4 1NR
Tel.: +44 131 315 2215
Fax: +44 131 315 2911
Seite 15

Hudson Featherstone
Rowland Hill House
49-59 Old Street
London EC1V 9HX
Tel.: +44 20 7490 5656
Seite 121U

Jacomini Interior Design
1701 Brun, Suite 101
Houston TX 77019
USA
Seiten 83 OL, 103 OL&UL

Joanna Jefferson Architects
222 Oving Road
Chichester
West Sussex PO19 4EJ
Tel.: +44 1243 532 398
Fax: +44 1243 531 550
E-Mail: jjeffearch@aol.com
Seiten 70–71

Just Design
80 Fifth Avenue, 18th Floor
New York NY 10011
USA
Tel.: +1 212 243 6544
Fax: +1 212 229 1112
E-Mail: wbp@angel.net
Seite 25

Kayode Lipede
Tel.: +44 20 7794 7535
Seite 90

James Lynch, D.A.D. Associates
112–116 Old Street
London EC1V 9BG
Seite 36

Ocke Mannerfelf
Architekt
Hamnvägen 8
S-18351 Täby
Sweden
Seiten 50–51

Mary MacCarthy
Dekorative Wandmalereien
und Wände
Tel.: +44 1328 730 133
Seite 67UL

Hilton McConnico
Innenarchitekt
8 rue Antoine Panier
F-93170 Bagnolet
Frankreich
Tel.: +33 1 43 62 53 16
Fax.: +33 1 43 62 73 44
E-Mail: hmc@club-internet.fr
Seite 121 OR&OL

David Mikhail Architects
68-74 Rochester Place
London NW1 9JX
Tel.: +44 20 7485 4696
Fax: +44 20 7267 8661
www.dmikhail.freeserve.co.uk
Seite 119O

L.A. Morgan
Innenarchitekt
P.O.Box 39
Hadlyme CT 06439
USA
Tel.: +1 860 434 0304
Fax: +1 860 434 3103
Seite 42R

Mullman Seidman Architects
Architektur und Innenarchitektur
443 Greenwich Street
New York NY 10013
USA
Tel.: +1 212 431 0770
Fax: +1 212 431 8428
E-Mail: mullseid@monmouth.com
Seite 54R

Roger Oates Design
Shop & Showroom:
1 Munro Terrace
Off Cheyne Walk
Chelsea
London SW10 ODL
Studio Shop:
The Long Barn
Eastnor, Ledbury
Herefordshire HR8 1EL
Tel.: +44 1531 631611
Teppiche und Läufer. Rufen Sie an und bestellen Sie den Katalog.
Seiten 16, 58Mitte, 58R, 104L

Orefelt Associates
Design Team: Gunner Orefelt,
John Massey, Gianni Botsford,
Jason Griffiths
4 Portobello Studios
5 Hayden's Place
London W11 1LY
Tel.: +44 20 7243 3181
Fax: +44 20 7792 1126
E-Mail: orefelt@msn.com
Seiten 110, 111

Graham Phillips RIBA
Architekt
Seiten 3, 130–131

Mathew Priestman Architects
6–8 Emerald Street
London WC1N3QA
Tel.: +44 20 7404 3113
Schutzumschlag vorne

Pottet Gardens
27 Bedford Street
New York NY 10014
USA
Seite 82

Lena Proudlock
Stoffstylist
Drews House
Leighterton
Gloucestershire GL8 8UN
Te./Fax: +44 1666 890230
Seite 20

Reed Creative Services Ltd
151a Sydney Street
London SW3 6NT
Tel.: +44 20 7565 0066
Seite 29UL

Les Reedman
Architekturhistoriker und freier
Architekt
PO Box 148
Brooklyn NSW 2083
Australia
Tel.: +61 2 9985 7893
Fax: (Brooklyn P.O.)
+61 2 9985 7658
Seite 137

Nico Rensch Architeam
Tel.: +44 411 412898
Seite 109L

Johanne Riss
Stylist, Designer und Modedesigner
35 Place du Nouveau Marché aux
Graens
1000 Brussels
Belgium
Tel.: +32 2 513 0900
Fax: +32 2 514 3284
Seite 132 L

Jim Ruscitto
Architekt
Ruscitto, Latham, Blanton,
PO Box 419
Sun Valley ID 83353
USA
Seiten 48, 57 M, 101

SCDA Architects
10 Teck Lim Road
Singapore 088386
Tel.: +65 324 5458
Fax: + 65 324 5450
E-Mail: scda@cyberway.com.sg
Seite 116L

Johnson Schwinghammer
339 West 38th Street, #9
New York NY 10018
USA
Tel.: +1 212 643 1552
Seiten 30L, 29OL, 75

Sheila Scoles
Designer
Tel.: +44 1480 498241
Seite 84OL

Sequana
64 avenue de la Motte Picquet
75015 Paris
Frankreich
Tel.: +33 1 45 66 58 40
Fax: +33 1 45 67 99 81
E-Mail: sequana@wandoo.fr
Seite 64L

Shelton, Mindel & Associates
216 West 18th Street
New York NY 10011
USA
Tel.: +1 212 243 3939
Seiten 30L, 29UL, 75

Ann Shore
Tel./Fax: +44 20 7377 6377
Termine nur nach Vereinbarung
Designerin und Stylistin in
London, Besitzerin einer Auswahl
alter und neuer Möbel und
Accessoires mit persönlicher
Geschichte.
Seiten 39R, 49, 65, 128UL,
135L

Square Foot Properties Ltd
50 Britton Street
London EC1M 5UP
Te.: +44 20 7253 2527
Fax: +44 20 7253 2528
Seite 107UL

Guy Stansfeld
Tel.: +44 20 7727 0133
Seiten 14UR, 112L

Seth Stein
15 Grand Union Centre
West Row
Ladbroke Grove
London W10 5AS
Tel.: +44 20 8968 8581
Page 95

Stickland Coombe Architecture
258 Lavender Hill
London SW11 1LJ
Tel.: +44 20 7924 1699
Fax: +44 20 7652 1788
E-Mail:
nick@scadesign.freeserve.co.uk
Seiten 108, 120

Sally Storey
John Cullen Lighting
585 King's Road
London SW6 2EH
Tel.: +44 20 7371 5400
Seite 29UL

Stutchbury & Pape Architecture + Landscape Architecture
4/364 Barrenjoey Road
Newport NSW 2106
Australien
Tel.: +61 2 9979 5030
Fax: +61 29979 5367
E-Mail: snpala@ozemail.com.au
Haben einen guten Ruf für
innovative Ideen und sensiblen
Umgang mit der Umgebung. Das
Land, die Lage und der Platz
werden mit einbezogen bei der
Entscheidung, wie das Gebäude
aussehen wird.
Seite 132O

Bruno Tanquerel
Künstler
2 Passage St Sebastian
75011 Paris
Frankreich
Tel.: +33 1 43 57 03 93
Seite 117

Touch Interior Design
Tel.:+44 20 7498 6409
Seite 37

Urban Research Laboratory
3 Plantain Place
Crosby Row
London SE1 1YN
Tel.: +44 20 7403 2929
E-Mail:
jeff@urbanresearchlab.com
Seite 106

Voon Wong Architects
Unit 27
1 Stannary Street
London SW11 4AD
Tel.: +44 20 7587 0116
Fax: +44 20 7840 0178
E-Mail: Voon@dircon.co.uk
Seite 68

José de Yturbe
De Yturbe Arquitectos
Patriotisimo 13 (4° piso)
Lomas de Barrilaco
Mexico 11010 DF
Tel.: +525 540 368
Fax: +525 520 8621
E-Mail: deyturbe infosel.net.mx
Seiten 27, 59

Consuelo Zoelly
5-7 rue Mont Louis
75011 Paris
Frankreich
Tel.: +33 1 42 62 19 95
Seiten 88–89

Bildnachweis

Schlüssel: O = Oben, U = Unten, L = Links, R = Rechts, M = Mitte, F = Fotograf, Ziffern = Seitenzahlen, »«= Firmennamen.

1 F David Montgomery; **2** F Andrew Wood/Alistair Hendy und John Clinch's Wohnung in London, entworfen von Alistair Hendy; **2–3** F David Brittain; **3**OL F Ray Main/Lee F. Mindel's Wohnung in New York, entworfen von »Shelton, Mindel & Partner« unter Mitarbeit von Architekt Red Morrison, Lichtdesign von Johnson Schwinghammer; **3**UR F James Morris/Skywood-House bei London, entworfen von Graham Philips; **4** F David Montgomery; **5** F Polly Wreford; **7** F David Brittain; **8** F Polly Wreford/Clare Nash's Haus in London; **8–9** F Andrew Wood/Alistair Hendy und John Clinch's Wohnung in London, entworfen von Alistair Hendy; **10–11** F Simon Upton; **12–13** F Simon Upton/»Barefoot Elegance«; **14**OL F James Merrell; **14**UR F Andrew Wood/Haus in London, entworfen von Guy Stansfield Tel.:+44 (0) 207727 133; **15** F Ray Main/Robert Callender und Elizabeth Ogilvie's »Studio in Five« entworfen von John C. Hope, Architekt; **16** F Tom Leighton/Roger und Fay Oates Haus »The Long Barn«, Eastnor, Ledbury, Herefordshire HR8 1EL Tel.:+44 (0)1531 632718; **17** F Ray Main/Mark Jennings Wohnung in New York, entworfen von Asfour Guzy; **18** F Simon Upton; **18–19** F Henry Bourne; **20** F Polly Wreford/Lena Proudlock's Haus in Gloucestershire; **21**L&R F Polly Wreford; **22** F Ray Main/Licht von »Atrium«; **23** F Andrew Wood/Nicki de Metzes Wohnung in London, entworfen von de Metz, Architekten; **24** F Ray Main/Clients Residence, East Hampton, NY, entworfen von »ZG Design«; **25** F Ray Main/Jonathan Leitersdorf's Wohnung in New York, entworfen von Jonathan Leitersdorf/»Just Design Ltd.«; **26** F Tom Leighton/Siobhan Squire und Gavin Lyndsey's Loft in London, entworfen von Will White, 326 Portobello Road, London W10 5RU Tel.: +44 (0) 208964 8052; **27** F Simon Upton; **28** F Alan Williams/Gail und Barry Stephen's Haus in London; **29**OL F Ray Main/Lee F. Mindel's Wohnung in New York, entworfen von »Shelton, Mindel & Partner« in Verbindung mit Architekt Reed Morrison, Lichtdesign von Johnson Schwinghammer; **29**UL F Ray Main/Jonathan Reed's Wohnung in London, Lichtdesign von Sally Storey, Design Direktor von »John Cullen Lighting«; **29**R F Alan Williams/Andrew Wallace's Haus in London; **30** F Simon Upton/»Barefoot Elegance«; **31** F Simon Upton; **32** F Andrew Wood/Heidi Kingstone's Wohnung in London; **32–33** F David Brittain; **33**R F Simon Upton/»Barefoot Elegance«; **34**L F Catherine Gratwicke/Karen Harrison's Haus in London, Kissen von »Mint«; **34**R F Catherine Gratwicke/»Intérieurs« in New York; **35** F Polly Wreford/Adria Ellis Wohnung in New York, Gemälde von Peter Zangrillo; **36** F Henry Bourne; **37** F Alan Williams/Katie Bassford »King's House« in London, gestaltet von »Touch Interior Design«; **38**OL F James Merrell; **38**UL F Andrew Wood; **38**R F Simon Upton/»Barefoot Elegance«; **39**L F James Merrell; **39**R F Polly Wreford/Ann Shore's Haus in London; **40**O F Polly Wreford/Adria Ellis's Wohnung in New York; **40**U F David Brittain; **41** F Simon Upton; **42**L F David Brittain; **42**R F Catherine Gratwicke/Kimball Mayer und Megan Hughe's Wohnung in New York, gestaltet von »L.A.Morgan«; **43** F Simon Upton/»Barefoot Elegance«; **44** F David Brittain; **44–45** F James Merrell; **45**O F Chris Everard; **45**U F David Brittain; **46–47** F alle David Brittain; **48** F James Merrell; **49** F Polly Wreford/Ann Shore's Haus in London; **50**L F Ray Main; **50**R, **50–51** F Simon Upton; **52** F Tom Leighton; **53**L F Ray Main/Jamie Falla's Haus in London, gestaltet von »MooArc«; **53**R F Tom Leighton/»Ceramic jars Carden Cunietti«; **54**O F Chris Everard; **54**U F Alan Williams/Frau Feldmans's Haus in New York, entworfen von Patricia Seidman von »Mullman Seidman Architekten«; **55** F Alan Williams/Warner Johnson's Wohnung in New York, entworfen von Edward Cabot, »Cabot Design Ltd«; **56,57**L&M F James Merrell, **57**R F Andrew Wood/Heidi Kingstone's Wohnung in London; **58**L F Henry Bourne/Linda Trahair's Haus in Bath; **58**M&R F Andrew Wood/Roger und Fay Oates Haus in Herefordshire, siehe auch S. 16; **59** F Simon Upton; **60** F Andrew Wood/Alistair Hendy und John Clinch's Wohnung in London, gestaltet von Alistair Hendy; **61** F Andrew Wood/Han Feng's Wohnung in New York, eingerichtet von Han Feng; **62&63**L F Andrew Wood/Bernie de la Cuona's Haus in Windsor; **63**R F David Brittain; **64**L F Andrew Wood/Mary Shaw's Sequana Wohnung in Paris; **64**OR F Tom Leighton; **64**UR F Tom Leighton/»Farrow & Ball Colours«; **65** F Polly Wreford/Ann Shore's Haus in London; **66** F Andrew Wood; **67**OL F Caroline Arber/Linda Garman's Wohnung in London; **67**UL F Caroline Arber/Mary MacCarthy's Haus in Norfolk; **67**UR F Polly Wreford; **68** F Alan Williams/eigene Wohnung des Architekten Voon Wong in London; **68–69** F Polly Wreford/Marie Hélène de Taillac's Zweitwohnung in Paris; **70–71** F Ray Main/Marina und Peter Hill's Scheune in West Sussex, entworfen von Marina Hill, Peter James Construction Management, Chichester, »The West Sussex Antique Timber Company«, Wisborough Green, und Architektin Joanna Jefferson; **72–73** F Tom Leighton; **74**L&R F James Merrell; **75** F Ray Main/Lee Mindel's Wohnung in New York, siehe auch S. 29OL; **76** F Tom Leighton/siehe auch S. 26; **77**L F Polly Wreford/Carol Reid's Wohnung in Paris; **77**OR F Chris Everard/Justin de Syllas und Annette Main's Haus in London, Licht zur Verfügung gestellt von »Artemise«; **77**UR F Polly Wreford; **78**L&R F Andrew Wood/Guido Palau's Haus in Nord-London, entworfen von »Azman Owens, Architekten«; **79** F James Merrell/eine Wohnung in London, gestaltet von »Ash Sakula, Architekten«; **80** F Simon Upton; **80–81** F Andrew Wood/Wohnung in Knokke/Belgien, entworfen von Claire Bataille & Paul ibens; **82** F Tom Leighton; **83**OL&UR F Simon Upton; **83**UR F Caroline Arber; **85** F David Montgomery; **86** F James Merrell; **86–87** F Simon Upton; **88**OL&UL F James Merrell; **88–89** F James Merrell/Consuelo Zoelly's Wohnung in Paris; **89** F James Merrell/ Wohnung in London, gestaltet von Ash Sakula, Architekten; **90** F James Merrell/ Mike und Chris Taylor's Loft in London, gestaltet von »Circus Architects« mit »Kayode Lipede«; **91**OL&UL F James Merrell; **91**R&**92**OL F David Loftus; **92**UL F David Brittain; **92**R F Andrew Wood/Haus in London, gestaltet von »Bowles & Linares«; **93** F James Merrell; **94** F David Brittain; **95** F Ray Main/Seth Stein's Haus in London; **96**UR F David Brittain; **96**OR F David Loftus; **97** F Andrew Wood/Lim's Haus in London, gestaltet von »Bedmar & Shi Designer«, Singapur; **98–99** F Ray Main/Haus in London, entworfen von »Mark Guard Architects«; **100**O&U F Tom Leighton/Loft in London, gestaltet von »Robert Dye Associates«; **101** F James Merrell; **102–103** F alle Simon Upton; **104**L F Tom Leighton/Roger und Fay Oates Haus in Herefordshire, siehe S. 16; **104**OR F Polly Wreford/Kimberly Watson's Haus in London; **104**UR F Polly Wreford/Ros Fairman's Haus in London; **105** F Polly Wreford/Carol Reid's Wohnung in Paris; **106** F Alan Williams/ Wohnung für Richard Oyarzarbal, von »Urban Research Laboratory«, London; **107**O F Andrew Wood/Heidi Kingstone's Wohnung in London; **107**UL F Ray Main/Kirk und Caroline Pickering's Haus in London, Raumgestaltung von »Square Foot Properties Ltd.«; **107**UR F Henry Bourne; **108**L&R F Alan Williams/Alannah Weston's Haus in London, gestaltet von »Stickland Coombe Architecture«; **109**L F Ray Main/Wohnung in London, gestaltet von Nico Rensch, Licht von »SKK«; **109**R F James Merrell; **110–111** F Chris Everard/Haus in Hampstead, London, gestaltet von »Orefelt Associates; **112**L F Andrew Wood/Haus in London, entworfen von Guy Stansfeld, Tel.: +44(20)7727 0133; **112**R F Polly Wreford/Kathy Moskal's Wohnung in New York, gestaltet von Ken Foreman; **113** F Chris Everard/Haus in Surrey, renoviert von »Damien D'Arcy Associates«; **114&115**L F Chris Everard/Sugarman-Behun Haus auf Long Island; **115** F David Montgomery; **116**L F Andrew Wood/Haus in Jalan Berjaya, Singapur, entworfen von Chan Soo Khian »SCDA Architects«; **116**R F Chris Everard; **117** F Chris Everard/Haus in Paris, entworfen von Bruno Tanquerel; **118–119** F Andrew Wood/Haus bei Antwerpen, entworfen von Claire Bataille & Paul ibens; **119**O F Chris Everard/Simon Brignall und Christina Rosetti's Loft in London, gestaltet von David Mikhail; **119**U F Andrew Wood/Haus bei Antwerpen entworfen von Claire Bataille & Paul ibens; **120** F Alan Williams/Alannah Weston's Haus in London, entworfen von »Stickland Coombe Architecture«; **121**OL&OR F Chris Everard/ Hilton McConnico's (Innenarchitekt) Haus bei Paris; **121**U F Henry Bourne/Dan & Claire Thorne's Stadthaus in Dorset, entworfen von Sarah Featherstone; **122–123** F Polly Wreford; **124**L F Polly Wreford/Marie-Hélène de Taillac's Zweitwohnung in Paris; **124**R F Ray Main/Licht: Tizio von Richard Sapper, Hersteller: »Artemide«; **125**L F Andrew Wood/»Babylon Design Ltd.«, Studio in London; **126** F Polly Wreford/Wohnung in New York, gestaltet von »Belmont Freeman Architects«; **127**OL F Ray Main/Thierry Watorek's Haus bei Paris; **127**UL F Ray Main/Licht von »Tsé Tsé Associées«, Catherine Levy und Sigolene Prebois; **127**R F Ray Main/Licht: »Babylon Design Ltd.«; **128**O F Henry Bourne; **128**UL F Polly Wreford/Ann Shore's Haus in London; **128**UR F Caroline Arber/Linda Garman's Wohnung in London; **129** F Andrew Wood; **130–131** F James Morris/Skywood-Haus bei London, entworfen von Graham Phillips; **132**O F Jan Baldwin/Robert und Gabrielle Reve's Haus in Clareville, entworfen von »Stutchbury & Pape Architects«; **132**U F Andrew Wood/Johanne Riss'es Haus in Brüssel; **133** F Ray Main/Haus eines Kunden, East Hampton, NY, entworfen von »ZG Design«; **134** F Jan Baldwin/Terry und Heather Dorrough's Haus auf Dangar Island, NSW, entworfen von Terry Dorrough, Architekt; **135**L F Polly Wreford/Ann Shore's Haus in London; **135**R F James Merrell/ Haus in Pennsylvania, entworfen von Laura Bohn und gebaut von Richard Fiore »BFI Construction«; **136**O F Andrew Wood/Lims Haus, entworfen von »Bedmar & Shi Designers«, Singapur; **136**U F Simon Upton; **137** F Jan Baldwin/Les Reedman's Haus auf Dangar Island, NSW; **144** F David Brittain; **Vorsatz** F David Brittain.

Außer den bereits erwähnten Hausbesitzern möchten wir auch den folgenden Personen danken: Clare Mannix-Andrews, Herrn und Frau Ruttenberg, Connor Prarie Museum, Dot Spikings, Sherri Donghia und Eulau, Tricia Foley, José Yturbe, Jo Saker, James Lynch und Sian Tucker, Frank und Suz Cameron, Katsuji Asada, Jim Ruscitto, Ricardo Regazzoni, Guido Stockman, Potted Gardens, Claire Farrow und William Morris, Jane Cumberbatch, Frazer Cunningham, Atlanta Bartlett, Elie Mouyal.

Register

Dank

Herzlichen Dank an Sophie, Alison, Sally, Jenny und Emily, die sehr hart gearbeitet haben, um dieses Buch zu produzieren.